ふくしま碑《いしぶみ》紀行

植田辰年

歴史春秋社

目次

目次

注：石碑の名称は、碑銘及び碑文などをもとに付けた

中通り

三浦弥平翁記念碑

伊達市梁川町　梁川駅前広場

正月恒例行事の一つになった箱根駅伝は、令和五（二〇二三）年に第九十九回を迎えた。アマスポーツ行事の中でも東京六大学野球、全国高等学校野球選手権大会と並び長い歴史を持つ。

箱根駅伝のテレビ中継は、第六十三回の昭和六十二（一九八七）年から始まる。放映以来一気にその人気は高まり、コース沿道には沢山の人々が応援に繰り出し、場所によっては黒山の人だかりとなる。それは選手にとって何よりも力強い励みになるはずだ。

一方、放送のボルテージは年々上がり、加熱気味ともいえる中継には少々興醒めすることもあるが、一生懸命ひた走る姿にはやはり胸が熱くなる。その魅力に取り憑かれ、毎年正月の二日、三日の二日間は根が生えたようにテレビの前に釘付けになってしまう。

平成二十四（二〇一二）年正月、ついに念願であった箱根駅伝を生で観戦（箱根小涌園前）することができた。選手たちの力走は、まさに疾風のごとく一瞬の出来事であったが、テレビとは違った迫力や観戦者の熱気などを肌で感じることができ、一層駅伝に魅了されるようになった。

伊達市梁川町出身の三浦弥平は、早稲田大学の選手として第一回箱根駅伝に出場し、コースの中でも最も大変とされる山登り（現在は五区）を走っている。第一回は第一次世界大戦が終わったばかりの大正九（一九二〇）年の二月十四、十五日に開催（現在のように一月二日、三日になったのは昭和三十〈一九五五〉年から）。後にマラソンのオリンピック選手となる金栗四三の呼びかけにより明治、早稲田、慶応、東京高等師範（現筑波大）の四大学が出場し、優勝は東京高等師範だった。箱根駅伝は今からは考えられないほど小さな大会からスタートした。

阿武隈急行梁川駅前のイベント広場に建つ三浦弥平記念碑には、略歴、建立の謂れが刻され、弥平の軌跡を辿ることができる。碑文は次の通り。

「明治十四年四月二日伊達郡白根村（現在の梁川町大字白根）に生まれ白根尋常小、梁川高等科、旧白根中（宮城県）、早稲田大学政治経済学科卒業。早稲田大学競争部

時代各種大会で入賞を重ねた。大正八年、日本体育協会主催の日本選手権大会に二時間三十九分四十秒で優勝したほか、第一回の関東学生大会や第一回箱根駅伝などでも活躍する。

第七回オリンピック・アントワープ大会（大正九年）マラソンに金栗四三氏らとともに出場、本県第一号のオリンピック選手となる。大会後ドイツに留学。第八回オリンピック・パリ大会（大正十三年）へも連続出場した。帰国後の昭和四年、郷里のブナ山にオリンピック村を建設し、青少年の育成と体力づくりに尽力するが、戦況拡大に伴い閉村。その後、東京～新京間親善マラソンを行い中国満州に渡る。戦後は郷里へ戻り、地域青年を集めてのマラソン大会や私設保育所の開設とともに白根体育クラブの育成等、晩年まで地域スポーツの振興に尽力した。

　昭和四十六年四月　満八十才で永眠」


アントワープ大会（ベルギー）は二十四位、パリ大会ではよもやの途中棄権とどちらも満足のいく結果は残せなく、弥平にとって不完全燃焼のオリンピックになった。そのことに駆り立てられたのだろうか、昭和四（一九二九）年、郷里近くに「オリンピック村」なるものを建設する。場所は、宮城県との境の筆甫《ひっぽ》村早稲田（現丸森町筆甫）。標高約六百メートルのブナ山を開拓し、総面積五万坪（約十六万五千平方メートル）にプール、スキー場、テニスコート、体育館、宿泊施設などを建設し、施設は地元の人々にも開放され人気を博していたというが、それも四年後には閉村を余儀なくされる。

　戦後、弥平のオリンピックに対する思いはますます募り、それはオリンピック招致運動へと発展していく。紆余曲折を経て昭和三十四（一九五九）年、東京でのオリンピック開催が決定してついに彼の思いは実り、昭和三十九（一九六四）年には念願の東京オリンピックが開催される。その時、弥平は七十三歳、第一回箱根駅伝から四十四年が経過していた。

　東京オリンピックの年、私は中学一年だった。オリンピックの巡回記録映画を見るため、全校生徒が町唯一の映画館まで四十分近く歩いて行った。東京オリンピック誘致に三浦弥平が尽力していたことなど知るよしもなく、陸上百メートルの決勝シーンや体操競技などにみんな固唾を呑んで見ていたことをつい昨日のように思い出す。

　三浦弥平杯梁川町ロードレース大会の第二十五回大会記念事業として建立された記念碑の碑文にある『自彊不息』（自ら勉めて励むこと）は、第七十一代衆議院議長であり、第六代公益財団法人日本陸上競技連盟会長、そして早稲田大学競争部ＯＢでもある河野洋平氏の揮毫による。

三浦弥平杯ロードレースマラソン大会は、弥平の功績を称えるためやはり早稲田ＯＢの石田芳正氏の尽力により昭和五十五（一九八〇）年に始まり、一般ハーフなど男女三十八部門で千二百余名が参加する大会となった。

病弱を少しでも克服するために始めたマラソンは、大学の競争部を経ていつしかオリンピック選手として活躍するまでになり、さらにスポーツの普及に郷里で夢を追いかけ、オリンピック誘致運動に拡がっていった。その弥平のスポーツにかける精神と功績を伝える石碑は、春の陽光のもときらきら光り輝いていた。

❖東北新幹線信夫山トンネル慰霊碑――

福島市太子堂一　信夫山

大きな字で「慰霊」と刻された碑裏面には二つの碑文がある。

「東北新幹線の建設工事は昭和四十六年十一月に工を起こしてから幾多の困難を克服してここに大宮・盛岡間が完成した。この新幹線が東日本の発展に大きく貢献することを念じこの偉業の達成に尊い生命を捧げられたひとびとの霊を慰めるためこの碑を建立する　ねがわくは霊よ永久に安らかに鎮まりたまわらんことを

昭和五十七年六月　東北新幹線建設工事関係者」

「東北新幹線上野・大宮間の建設工事の完成に伴いここに尊い生命を捧げられたひ

とびとの霊を追祀する

昭和六十年三月　東北新幹線建設工事関係者」

慰霊碑真後ろの壁面には、建設工事に関して犠牲となった百十名の名前（大宮〜盛岡での犠牲者は百三名）が整然と刻まれている（死因の内訳は、高所からの転落死三十八名、落盤事故死十五名、感電死六名とされる）。ただ、大宮〜盛岡間以外での犠牲者のことはこの碑からでは分からない。

平成二十四（二〇一二）年六月三十日、東北新幹線は三十歳を迎えた。『東北新幹線三十年のあゆみ』からその軌跡をみてみよう。

昭和四十六年十一月二十八日　東北新幹線　福島・仙台駅などで起工式
　　五十七年　六月二十三日　大宮〜盛岡間　四百六十五・五キロが開業
　　六十　年　三月　十四日　上野〜大宮間開業
　　六十二年　四月　　一日　ＪＲ東日本誕生（国鉄からＪＲ東日本へ）
平成　二　年　六月二十三日　二階建てグリーン車が登場
　　三　年　六月　二十日　東京駅開業

六　年　七月　十五日　オール二階建て新幹線「ＭＡＸ」登場
九　年　十月　一日　「あおば」廃止
　　　　十二月　二十日　新オール二階建て新幹線「ＭＡＸ」登場
平成十四　年十二月　一日　盛岡〜八戸間開業「はやて」運行開始
二十二年十二月　四日　八戸〜新青森間開業　東北新幹線全線開業
二十三年　三月　五日　東京駅〜新青森間で「はやぶさ」運行開始
　　　　三月　十一日　東日本大震災で全線ストップ　十五日から順次運転開始
　　　　四月二十九日　全線で運転再開
二十四年　六月二十三日　開業三十周年

建設が進むに従って東北新幹線のキャッチコピーは次のように変遷してきた。

昭和四十六（一九七一）年「ひかりは北へ」、昭和五十七（一九八二）年「北へ向かって東北時代」、平成元（一九八九）年「ＬＯＯＫ　ＥＡＳＴ」（芭蕉がみちのくの旅に出てから三百年を記念）、平成四（一九九二）年「その先の日本へ」、平成九（一九九七）年「東京―秋田ダイレクトアクセス」、平成十（一九九八）年「ＴＲＡｉＮＧ（トレイング）」、平成十四（二〇〇二）年「東北からの招待状」、平成十五（二〇〇三）年「WE　WANT　SNOW！」、平成二十二（二〇一〇）年「MY　FIRST　AOMORI」のキャッチコピーで東北旅行への需要拡大を図るCMを流している。

さて、昭和五十七年六月に建立された慰霊碑は、新幹線信夫山トンネル福島方（上り方）坑口真上にある。福島県立図書館駐車場から東方面へ歩くこと二、三分の所を通る新幹線。その高架両側に新幹線信夫山トンネル坑口真上に通じる階段がある。どちらからでも到達するが、高架を潜ってからの道の方が行きやすすく時間にして二、三分で慰霊碑に辿り着く。そこは俗世間から忘れ去られたかのような空間で、緑濃くなった緑陰の中にひっそりと立つ慰霊碑前の献花はすっかり萎れていた。

梢の間を縫って南に福島市街の家並、すぐ西には福島県立図書館の建物が見える。ウグイスの甲高い声、数分おきに往来する新幹線の無機質な音が、時折静けさを破り慰霊者の眠りを揺り起こす。

東北新幹線は、平成二十八（二〇一六）年、北海道新幹線（新青森～新函館北斗間）に接続し、令和十二（二〇三〇）年度末には札幌までの延伸が予定されている。一人の犠牲者を出すことなく、工事が進行していくことを願って止まない。

❖謀略　忘れまじ松川事件碑

福島市松川町

東北本線の上下線に挟まれて建つ「謀略　忘れまじ松川事件」碑。松川事件は、あまりにも有名であり、関連する多くの著書もある。私ごときが軽々しくいうべき立場ではなく、またその能力もない。この「謀略　忘れまじ松川事件」碑と松川記念塔公園内に立つ「松川の塔」の文章が、松川事件の全貌を凝縮して物語っているので少し長いがそれらを紹介したい。

「謀略　忘れまじ松川事件」碑から、

「時代の色に染まらない。時の流れに流されない。それは理性に導かれた民衆の抵抗を意味する。

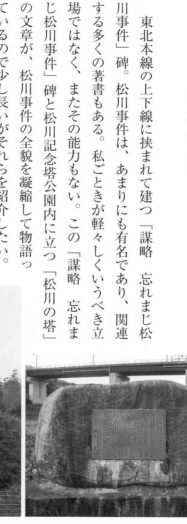

権力者は民衆の犠牲の上に君臨し「国家・国民のため」と大うその御託宣をくだす。法律を支配者のために作り、都合よく解釈し、国家の暴力装置としての軍隊・警察等を使い、公然たる弾圧、抑圧をくりかえす。

さらに非公然の不法の攻撃をしかける。

権力側に与しない者は、それを謀略と規定する。権力の広報部になり下がったマスコミは「過激派のしわざ」と煽り立てる。

この地松川で何者かが列車を転覆させた。

三人の機関車乗務員が尊い生命を奪われた。敗戦をへた日本の夜明けは、暗黒の道へ引きもどされた。この一九四九年、共産党の「九月革命説」は権力側に利用された。

松川謀略から五〇年、日本は新たな戦前史を形成した。平和憲法は瀕死の状態にある。デッチ上げられ、死刑判決まで受けながら一五年間の不屈の闘いを勝ち抜いた先輩達に最大の敬意を捧げ、犠牲者の冥福を祈り、平和の誓いも新たに五〇年碑を建立する。

一九九九年一二月八日　東日本旅客鉄道労働組合　会長松崎　明」

「松川の塔」から、

「１９４9年8月17日午前3時9分、この西方２００米の地点で、突如、旅客列車が脱線顛覆し、乗務員３名が殉職した事件が起った。何者かが人為的にひき起こした事故であることが明瞭であった。どうしてかかる事件が起ったか。

朝鮮戦争がはじめられようとしていたとき、この国はアメリカの占領下にあって吉田内閣は、二次に亘って合計９万７千名という国鉄労働者の大量馘首を強行した。かかる大量馘首に対して、国鉄労組は反対闘争に立上がった。その機先を制するように、何者の陰謀か、下山事件、三鷹事件及びこの松川列車顛覆事件が相次いで起り、それらが皆労働組合の犯行であるかのように巧みに新聞、ラジオで宣伝されたため、労働者は出はなを挫かれ、労働組合は終に遺憾ながら十分なる反対闘争を展開することが出来なかった。

この列車顛覆の真犯人を、官憲は捜査しないのみか、国労福島支部の労組員10名、当時同じく馘首反対闘争中であった東芝松川工場の労組員10名、合せて20名の労働者を逮捕し、裁判にかけ、彼等を犯人にしたて、死刑無期を含む重刑を宣告した。この官憲の理不尽な暴圧に対して、俄然人民は怒りを勃発し、階層を超え、思想を越え、真実と正義のために結束し、全国津々浦々に至るまで、松川被告を救えという救援運動に立上がったのである。この人民結束の規模の大きさは、日本ばかりでなく世界の歴史に未曽有のことであった。救援は海外からも寄せられた。

かくして14年の闘争と5回の裁判とを経て、終に１９６３年9月12日全員無罪の完全勝利をかちとったのである。人民が力を結集すると如何に強力になるかということの、これは人民勝利の記念塔である」

「松川の塔」は、無罪確定一年後の昭和三十九（一九六四）年九月十二日に建立され、碑文は作家・広津和郎（松川事件対策協議会会長）による。

平成二十三(二〇一一)年九月三日、松川事件主任弁護人の大塚一男さんが亡くなった。享年八十六歳。平成二十四（二〇一二）年四月七日にしのぶ会が催されたことが、同年四月二十一日の朝日新聞の追悼記事欄に載っていた。それには、

「１９４９（昭和24）年、福島県で列車が転覆、３人が死亡した松川事件。強要されたうその自白をもとに、本田さんはじめ国鉄や東芝の労組員ら20人が逮捕された。弁護士になりたての大塚さんは東京から駆けつけ、先輩弁護士らと奔走した。旅館に泊まる

金も、着替える背広もない。支援者の家に泊まり、アリバイを証明する人を探し調書に記録した。接見は妨害され、うその自白が重ねられていた。

福島地検では、5人死刑を含む全員が有罪。仙台高裁でも17人が有罪。途中から多くの弁護士が加わると、大塚さんは若手を合宿で鍛え、保守系の重鎮とも親交を深め、党派を超えた弁護団をまとめあげた。支援運動が広がると、自ら全国の講演会に足を伸ばした。事件は、最高裁での差し戻し判決を経て、63年に全員の無罪が確定した。（以下略）」とあった。

平成二十一（二〇〇九）年、「障害者郵便制度悪用事件」があった。当時、厚生労働省局長村木厚子氏が事件に関与していたということで逮捕されたが、後、検察の自白強要による捜査中の違法行為があったとして現職エリート検察官が逮捕された。マスコミ各社も村木局長を犯人とする記事を大きく取り上げていた。犯人を検挙する側の検察が犯人を捏造し、厳しくチェックする機関であるマスコミが検証もせず報道発表して犯人捏造に加担する構図は、松川事件とつい重なって見える。

❖自然愛護の塔碑

福島市土湯温泉町　つつじ山公園

吾妻の山の雪どけすすみ
　こぶし片栗くりん草
　　沼のほとりの水芭蕉
二人っきりで佇んだ
　思いの滝の水ぬるむ
　　忘れはしないあの春の日

「土湯讃歌」は、当時の人気歌手らがレコーディングし、土湯のご当地ソングとして一大ブームを引き起こした歌である。人気歌手とは、ダークダックス、さとう宗幸、倍賞千恵子ら。正直なところこの歌を全く思い出せなく、歌詞もメロディーもさっぱり浮かんでこなかった。

ネットで「土湯讃歌」をクリックすると、郷愁を誘うゆったりしたメロディーが流れてきた。どこかで聞いたような気もするが、脳の奥深くをいくら揺さぶっても「土湯讃歌」の記憶は蘇ってこない。

この歌が発表されたのは昭和五十三（一九七八）年十月。昭和五十五（一九八〇）年二月三日には「NHKみんなの歌」で、さとう宗幸の歌声が全国に流れている。その後、ダークダックス、倍賞千恵子らがレコーディングし全国的に有名になっていった。昭和五十三年は、すでに私は社会人として福島県内に勤務していた。それなのに一度も耳にした記憶がないというのは、私が音楽に対して全くの無関心だったとしか言いようがない。

作詞者は元NHK福島放送局カメラマンの岩田唯男、作曲は同僚の管野栄。土湯の自然への深い観察力と愛情を持って書き上げたとされる歌詞のもと「青葉城恋唄」のような曲をイメージして作られた曲とされる。

曲が誕生してから四十四年。「青葉城恋唄」が時折聞かれることはあっても、「土湯讃歌」が巷間から聞こえてくることはほとんどないと言ってもいい。

郷愁をくすぐる叙情的な旋律は、「青葉城恋唄」に引けを取らないというのにいつの間にか埋もれてしまった感は否めない。

　土湯温泉街から車で十数分のところに、男沼、女沼、仁田沼などを周遊しながら自然を満喫できる自然散策路がある。自然観察会には格好の場所で、私も何度か参加したことがあるが、女沼周辺に「自然愛護の塔碑」があることは全く知らなかった。「土湯温泉観光協会」で尋ねてみても明確な場所の確認はできず、地元でも「自然愛護の塔碑」は忘れ去られようとしていた。

　はっきり場所を確認できないまま歌碑に向かったが、案の定、女沼周辺をうろうろする羽目になってしまった。すれ違う人に聞いても首を傾げるばかり。諦めて帰路の途中、女沼を見渡せる展望の良い「つつじ山公園」にさしかかった時、ふと見た左側に山をかたどった石碑があった。碑文に、「自然愛護の塔」ならびに「土湯讃歌」の文字を発見。「これだ」と思って車を降りて碑裏に回ると、そこには次のような建立趣意が刻されていた。

「土湯自然友の会」は平成八年、会員の高齢化と後継不足のため発展的解散。土湯讃

土湯女沼

歌は、昭和五十三年秋の「土湯自然友の会」男沼の芋煮会の席上で初めて発表。

昭和五十五年二月三月に、ＮＨＫみんなの歌でさとう宗幸の歌が全国に流れる。日本に生育している動植物の南限と北限が混合しているこの豊かな自然の宝庫土湯の自然をいつまでも大切に護りたいと願い西暦二千年の節目の年岩田唯男さん直筆の「土湯讃歌」を石碑に刻み土湯の自然の大切さを後世に伝えたいとの念願から自然愛護の塔を建立（平成十二年十月）と。

女沼を眼下にして立つ「自然愛護の塔碑」の前に立つと、芽吹き始めた木々が本格的な春の訪れを告げ、土湯の豊かな自然がパノラマのように拡がってゆく。その遠景はまた格別で、何ともいえない安らぎを覚え、「土湯讃歌」が生まれたのもさもありなんと思った。

❖湖底に沈むふるさとの碑

三春町西方　三春ダムさくら湖

阿武隈川の右支川「大滝根川」沿いの三春町西方地区にある動力式コンクリートダムの三春ダム（堤高六十五メートル、堤頂長百七十四メートル）は、洪水調節をはじめ、灌漑、生活用水、工業用水などに利用される目的に、国直轄の多目的ダムとして造られた。

三春ダムの建設は、昭和四十三（一九六八）年十二月十二日、福島工事事務所においてダム予備調査が開始されたことに始まる。その間、地権者による反対運動などが展開されるなど紆余曲折を経て、平成十（一九九八）年三月八日に竣工し四月から運用開始される。予備調査が始まってから実に三十年が経過していた。

その間の平成六（一九九四）年五月二十五日には、ダムによってできる人造湖の名が「さ

くら湖」に決定され、平成八（一九九六）年九月二十二日には「ダム湖底祭」が開催されると同時に、「湖底に沈むふるさとの碑」が建立される。その碑文は次の通り。

「大滝根山を源流として悠久に流れるこの川は、我々の地域を潤し、住民の生命を支える母なる川である。この地に国内有数の里ダムと称された国営による多目的ダムの完成を見、近隣市町村がその恩恵に浴し地域に開かれたダムとして自然を活かした魅力ある湖水として永久に機能されん事を望む次第である。

振り返れば、昭和四十三年に端を発したこのダム問題は住民に大きな衝撃を与え、反対の声も多く、不安の連続から対策の会も五組織が結成されたが昭和五十八年に至り、禍を転じて福と成すたとえの如く百年の大計を拓く為、窓口を一本化すべく、ここに三春ダム水没者等組織連合補償交渉委員会を結成した。

爾来、水没関係者の生活再建を最重点とし、地権者と各組織委員会の意見を基に合意を見るべく全力を傾注し、苦闘の末、昭和五十九年十二月十四日遂に建設省側と交渉妥結という歴史的瞬間を迎える事が出来たのである。

いま、満々と水を湛えるさくら湖を眺め、千尋の湖底に沈む故郷を偲ぶれば、万感胸に迫る思いであり、この偉大なる大事業の史を永遠に後世に伝えるべくここに記念碑を建立するものである。

平成八年九月二十二日　三春ダム水没者組織連合記念事業実行委員会

題字　三春町長　伊藤　寛　謹書」

一時、水没関係者間では、「大滝根ダム反対期成同盟会」「大滝根ダム対策同盟会」「ダム水没者地権者会」と、三つの関係組織が結成されて混乱していた時期もあったが、「苦闘の末、昭和五十九年十二月十四日遂に建設省側と交渉妥結という歴史的瞬間を迎える」「湖底に沈む故郷を偲ぶれば、万感胸に迫る思い」の碑文に、幾多の困難を乗り越えてきた人々の並々ならぬ思いを感じ取ることができる。

碑の裏面には、三春ダム水没関係移転者の名前が刻され、総戸数は百六十一戸あった。戸数の内訳は、蛇沢二十九戸、春田十七戸、蛇石四十七戸、柴原二十五戸、根本二十戸、狐田九戸、西方八戸、貝山三戸、滝二戸、過足一戸となっていた。生まれ育った地を離れると決意するまで様々な葛藤や感慨があったことだろう。「湖底に沈むふるさとの碑」は、移転者の一人ひとりの声もまた代弁している気がする。

ダム建設とともに「さくら湖」周囲の環境整備にも力が注がれてきた。昭和六十一

（一九八六）年、当時の三春町長は「三春ダム記念公園・三春工芸村建設」として、ダム周囲の緑と水辺をフルに利用し、工芸村センター、桜の山、滝桜と野外劇場、スポーツ広場、公共施設集中地区の五つの拠点を設けるという構想を打ち出している。その構想は、「自然観察ステーション」（野鳥や植物・水性生物の観察、天体観察施設）、「三春の里田園生活館」（「農園、コミュニティー、公園、研修」の四つのゾーンを集めた総合施設）、「さくらの公園」（さくら湖にハチのように張り出した地形を活かした公園に二十二種類、約二千三百本の桜を植栽）、「春田大橋」（長さ二百十八メートル、幅九・七五メートル、橋脚・主塔の高さ百十八メートルの斜張橋。主塔の形状は「三春」の「春」をイメージ）、「展望広場」（さくら湖、春田大橋、郡山市街地など三百六十度のパノラマが見渡せる）などの施設となって、現在、体験や目にすることができる。

「湖底に沈むふるさとの碑」を訪れたのは四月の初旬。石碑を囲むように植栽されたサクラをはじめにダム周囲の群桜はちょうど見頃だった。うららかな気候と相まって、眼下に見える穏やかな「さくら湖」をゆったり眺めていると、湖底に沈んだ集落のことが幻のごとく浮かんできた。

❖忍耐の碑

須賀川市大町　円谷幸吉メモリアルパーク

昭和三十九（一九六四）年の東京オリンピックは、テレビ（白黒）や巡回してきたオリンピックの記録映画で見た。記録映画の迫力ある百《メートル》の決勝や日本体操陣の大活躍、そしてマラソンのシーンが今でも鮮明に蘇る。特に、マラソンの円谷幸吉選手が二着でトラックに入ってきた時のスタンドの大歓声、そして懸命に力走するものの三位の選手（イギリス　ベシル・ヒートリー）にあっという間に抜かれた場面では、大歓声が悲鳴に代わり、わずか三秒差の三着で倒れるようにゴールした姿に、多くの日本人が感動しそして涙した。そんなシーンが今でも忘れられない。

　大きくプリントされた円谷の写真、軌跡を示すモニュメント、そして円谷自筆の「忍耐」の碑が、須賀川市大町の「円谷幸吉メモリアルパーク」にある。生家前にあった「忍

耐」の碑は、平成十八（二〇〇六）年八月、郡山自衛隊駐屯地敷地内に移転され、ここにある「忍耐」の碑はそのレプリカである。

円谷とともにマラソンに出場した君原健二は、東京オリンピックでは八位になったものの、その後、メキシコ、ミュンヘンと三大会連続出場し、メキシコ大会では銀メダルを獲得。昭和四十一（一九六六）年には、アメリカ・ボストンマラソンで日本人として五人目の優勝と輝かしい実績を残す。一方の円谷は、一躍国民的英雄になった後、〈父上様、母上様、幸吉はもうすっかり疲れ切って走れません。何卒お許し下さい〉との有名になった遺書を残し、自衛隊体育学校宿舎の自室で頸動脈を切って自ら命を絶ったのは二十七歳のとき。

君原は「サライ・インタビュー」（平成二十四〈二〇一二〉年八月号）で円谷について次のように語っている。

「脱いだ衣類は下着まできちんと畳んでから入浴す

るような、几帳面な人でした。同学年ということもあって、とても親しい友でした。一番の思い出は、東京五輪直前、札幌・丸山競技場の一万メートル競技会です。円谷君が優勝、私が二位。ふたりとも日本記録更新です。嬉しくてね。円山公園のベンチに座ってビールで祝杯をあげました。一緒に飲んだあのビールの味、忘れられない」「東京五輪前年のニュージーランド遠征の時、円谷君は立ち寄った香港でダイヤの指輪を買っていました。心に決めた女性がいたのです。しかし、〝メキシコ五輪を優先すべし〟と自衛隊の上司から横槍が入り破談に追い込まれた。入隊以来、円谷君を支えてきたコーチがその干渉を不当だと訴えると、地方に飛ばされた。さらに持病の腰痛悪化で手術。かつてのような走りができない身体になってしまった（中略）みんな後から聞かされました」。

須賀川の生家に作られていた円谷幸吉記念館は、須賀川アリーナ内に移され、数々の展示品から在りし日の円谷幸吉の姿を追うことができる。館内にはある音楽が流れていた。作詞今江真三郎、作曲茶木みやこ、ピンク・ピクルスが歌った「一人の道」である。

ある日走った　その後で　僕は静かに　考えた
誰のために　走るのか　若い力をすり減らし
雨の降る日も　風の日も　一人の世界を　突っ走る
何のために　進むのか　痛い足を　がまんして
大きな夢は　ただ一つ　五つの色の　五つの輪
日本のための　メダルじゃない　走る力の　糧なんだ
父さん　許してくださいな　母さん　許してくださいね
あなたにもらった　ものなのに　そんな生命を僕の手で
見てほしかった　もう一度　表彰台の　晴れ姿
だけど　身体は動かない　とっても　もう　走れない
これ以上は　走れない

メロディーに乗って繰り返し流れる「一人の道」を一人館内で聞いていると、なぜかしらしだいに胸が詰まってきて、居たたまれなくなりホールを出た。円谷幸吉は、果敢な私の少年時代の一ページから決して消えることのない、いや消すことのできない人物と改めて思った。時あたかも、令和二（二〇二〇）年に東京オリンピックが開催されることになった。円谷幸吉のような悲劇が二度と起らないことを願って止まない。

新型コロナ禍により令和三（二〇二一）年に延期された東京オリンピックは、不祥事が相次ぐ中開催され、終了後には大規模な汚職事件も発覚した。あきれるほど商業主義化したオリンピックの状況を、円谷幸吉はどんな思いで見守っているだろうか。

❖牧場の朝の歌碑

鏡石町　鳥見山公園

牧場の朝

ただ一面に立ちこめた
牧場の朝の霧の海
ポプラ並木のうっすりと
黒い底から勇ましく
鐘が鳴る鳴るかんかんと

私にとってこの歌ほどイメージが脹らんでくる歌はない。メロディーのイントロを聞いただけで、深い霧に包まれた牧場の朝の清々しい光景が浮かんできて、身も心もすっきりとしてくる。この歌には、心身を浄化する作用が仕組まれているような気がしてならない。

『日本の唱歌（中）大正・昭和篇』（金田一春彦・安西愛子監修　講談社文庫）に、江藤淳、芥川也寸志、砂原美智子、千宗室、井上ひさし、桂歌丸などの諸氏が小学校時代に愛唱した歌だったという記述がある。

江藤氏はこのころから声がよく出るようになって音楽が好きになった記念すべき歌だといい、芥川氏はこの歌の抜群にきれいな伴奏を聞くのが楽しみだったという。また、桂氏は中学一年ではじめてキャンプに行き、学友と飯盒炊爨をしながら歌ったことを思い出すと、井上氏は牧場というものを見たこともなかった、その牧場にあこがれて歌ったとある。

明治天皇が東北巡幸の際、鏡石、矢吹、須賀川に広がる原野の開墾を側近の人に申し述べたことが、開拓の発端になったと伝えられる約十万坪の広さを持つ岩瀬牧場は、明治初期国内で始めての西欧式牧場として開設された。

伊藤博文内閣時に「宮内省御開墾所」（宮内省直営）に指定され、明治四十（一九〇七）年にはオランダのレーワルデンの酪農家から乳牛十三頭と農機具を輸入。その際、日本とオランダの友好の証として「鐘」が贈られた。「牧場の朝」は、この鐘と岩瀬牧場のイメージをもとに、作詞杉村楚人冠、作曲船橋栄吉によって作られた。

町内の鳥見山公園一角に立つ歌碑裏に歌の由来が刻されている。

「小学唱歌〈牧場の朝〉は昭和七年に文部省唱歌に制定されて以来多くの児童生徒に愛唱されて今日に及んでいる。しかるに肝心の作詞者が不明であったが多年にわたる医師最上寛氏及び作曲家平井康三郎氏並びに関係者の追跡研究の結果明治の文筆家である杉村楚人冠（本名廣太郎）の作と断定するにいたった。町はこれを記念し牧場の朝発祥の地である当公園の一角に作曲者故船橋栄吉氏の息女である船橋豊子氏の協賛を得てこの歌碑を建立した　碑前面の楽譜は船橋豊子氏を煩わし歌詞は詩と音楽の会会長でありこの道の権威である作曲家平井康三郎氏の揮毫によった　町の自然と風土がうたいこまれた珠玉の作品が永く後世にうたいつがれることを祈念してやまない

昭和五十八年十一月二十七日」

杉村楚人冠（明治五〈一八七二〉～昭和二十〈一九四五〉年）の本名は廣太郎。和歌山県に出生し、英吉利法律学校（現中央大学）、先進学院などで法律を学び、東京のアメリカ公使館に入る。明治三十六（一九〇三）年に東京朝日新聞に入社し、新聞記者として活躍する。

船橋栄吉（明治三十二〈一八九九〉～昭和七〈一九三二〉年）は、声楽家にして作曲家。明治四十三（一九一〇）年東京音楽学校本科声楽部を卒業後、ベルリン国立音楽院に学び東京音楽学校の教授をつとめた。作曲に、「乳草」「父と子」（いずれも浜田広介作詞）などがある（『日本の唱歌（中）大正・昭和篇』の「牧場の朝」より）。

作詞者不詳であった「牧場の朝」の作詞者を突き止めるきっかけとなったのは、碑文の中にあるように医師であり郷土史家でもあった最上寛が、平井康三郎のＮＨＫラジオ放送を聞いたことからだった。

昭和三十八（一九六三）年に始まった調査は、十年後の昭和四十八（一九七三）年、須賀川市立博物館が虫干しをしていた資料の中に（現在は所蔵庫にある）、『中学国文教科書　巻二』（大正七〈一九一八〉年発行）があった。その中の「牧場の暁」という紀行文が、明治四十三年に「朝日新聞」に掲載された一部であり、筆者は、当時活躍していた杉村楚人冠であった。楚人冠の四男武は、父の作品とは認めていなかったそうだが、最終的にお墨付きを与えたのは平井康三郎（当時日本音楽著作権協会理事）。よって「牧場の朝」の作詞者は杉村楚人冠となった。

安野光雅の「牧場の朝」というエッセイの中に、岩瀬牧場とオランダへの思いのことが出てくる。

「近年になって、この岩瀬牧場が、日蘭友好のシンボルのようになった。県立岩瀬農業高校と、ユトレヒト州のホウテン農業高校が姉妹校の親交をむすび、いまでは隔年の相互交流を行っていると言う。（中略）レーワルデンと言えば、オランダ北部の都会で、不思議な絵を描いたM・C・エッシャーのふるさとである。そんなこともあって、好奇心の強いわたしは、むかし訪ねて行ったことがある。あの地方一帯は大平野で、広い牧場が連なっているが、そこで面白い霧の風景を見た。ちょうど人間の首くらいまでの深さに霧の海ができていて、牛はその海から首を出しているという感じなのである。車が走ると、わずかに波の渦を作るのだが、やがてその渦も見えなくなり、また霧の海に戻るのだった。日本にもそのような霧の出ることがあるのだろうか。また、オランダの牧場でも鐘が鳴るのだろうか」。

私が岩瀬牧場を訪れたのは、六月の小雨降る生憎の日だった。しかし、煙雨の中に広がるちょっぴり幻想的な風景の牧場は、霧のようにはいかなかったものの「牧場の朝」の心象風景が伝わってくるには充分だった。

❖シロネズミの碑

浅川町　吉田富三記念館

変わった名前の碑があるものだと、興味の惹かれるまま浅川町「愛咲花輪《あさかわ》の丘」にある吉田富三記念館前の「シロネズミ碑」を訪ねたのは四月下旬。この時期にしては少々暑かったもののさわやかな日だった。

黒御影石で造られたシロネズミ碑文は、富三の死二年前の昭和四十六（一九七一）年十一月六日に書かれた肉筆原稿で、次のような内容である。

「アゾ色素肝癌、吉田肉腫、水肝癌などの研究に手にかけてその命を絶ちたるシロネズミの数知れず、不有舎員はみな心の奥にシロネズミのあの赤い眼の色を抱く、モルモット、ウサギ、ハツカネズミそのほか鳥の類まで手にかけたる命への思ひは同じ、ふと現はてまた消え行きたるこれら物言はぬ生類の幻の命も命に変りあるべしとは思

へず、あはれ生ある者の命よと念じて此碑を建つ
昭和四十八年秋　不有舎代表　古稀　吉田富三識す」

独特な字体は決して達筆とはいえなく、むしろ稚拙な字とさえ思える。しかしその字体一つひとつには富三の小さな命への弔いの気持ちが込められていてかえって親しみやすい。吉田富三の人柄をそのまま伝えようとした人々の思いであろうか、誤字・脱字もそのまま刻されているのが何とも面白い。こんな石碑他にはあるまい。

浅川町出身の吉田富三（明治三十六〈一九〇三〉年生まれ）は、昭和十八（一九四三）年四十歳の時シロネズミをガン研究の基としてアゾ色素投与中のラットに腹水肉腫を発見する。はじめ「長崎系腹水肉腫」といわれていたが、後「吉田肉腫」と改名。その発見はその後のガン研究に大きな影響を与えることとなり、今の遺伝子研究の基礎となった。

富三にとってシロネズミは、当時何よりにもまして大切な「生き物」であった。昭和二十一（一九四六）年、四十三歳の時、次女和子が誕生する。その年、腹水肉腫移植用のラットとその餌の確保に悪戦苦闘していた。長男直哉の著書『癌細胞はこう語った』（文藝春秋）の中に、

「しかしわが家を含め研究員室はイモを食べていても、実験用のネズミにはコメを食わせなければならない、玄米でいいのだが、そのコメの確保が大変だった。富三はイモとカボチャ。ネズミはコメという変則生活がそれから四年はつづく（中略）ともあれ富三は、自分とその家族のためには「闇」をせず、ネズミの食糧のためだけ、闇買いをした」。

一にも二にもシロネズミ中心だったことをうかがわせる。

大学の異動命令が出たため仙台へ向かう途中、体内に癌を発生させたシロネズミを携え、物資乏しい中、餌の確保にも窮しただろうにシロネズミを絶やすことはなかった。

意外と知られていない一面に、吉田富三は、昭和三十六（一九六一）年、国語審議会委員となっている。翌年の昭和三十七（一九六二）年、国語施策の歴史的な転換点ともされる「吉田提案」を提出。「日本人は漢字で考え、仮名で感じる」を持論としていた富三だが、国語審議会の中では「吉田提案」に対する反発が強くなかなか受け入れられ

なかった。しかし、昭和四十（一九六五）年の国語審議会（富三は委員を辞めていた）で「吉田提案」の「漢字仮名まじり文を正則とすること」が事実上確認され、彼の日本語教育に対する熱意が漸く実ることになった。

携帯電話の普及、企業の英語公用語化、小学生からの英語必修化など国語を取り巻く環境は急速に変化してきている。そんな背景からか平成二十二（二〇一〇）年十一月、二十九年ぶりに常用漢字表が変更された。国語（母国語）軽視の風潮が高まる中、「国語は文化の根元だと信ずる」という彼の言葉が重く響いてくる。

富三は晩年、早死にした弟良直と吉田家の墓地を東京駒込吉祥寺に買い、並べてラットの墓「シロネズミの碑」となる用地も購入する。そして、吉田家の墓の設計をした建築家の谷口吉郎氏によって「シロネズミの碑」が設計された。

「シロネズミの碑」の建立プランは、不有会のメンバーによって昭和四十六年からの募金活動から始まった。不有会とは、旧制長崎医科大学と東北大学の病理学教室のメンバーを中心に昭和二十七（一九五二）年に誕生。江戸後期の儒学者広瀬淡窓の言葉「不有其有」から連想し、会をもたざる会の意で富三の命名。シロネズミの塚を建てることを提案したのは、富三の妻喜美子だったという。

『癌細胞はこう語った』の年譜に、

「昭和三十一（一九五六）年、両国の川開きの花火審査員に任命される。故郷浅川に伝わる花火の美を喧伝した無類の花火好きであったから、両者を対比して論じ、終生の語り草とした」とある。

浅川町には、毎年八月十六日に浅川の夜空を艶やかに彩る花火大会がある。江戸時代中期から続く伝統ある行事だ。「標高四百七《メートル》の城山（青葉城跡）から火山が噴火したかのように扇形の火花が降り注ぐ「地雷火」が最大の見物。城山の山肌に次々と花火が炸裂し迫力満点。約三万人の見物客が夏の夜空に酔いしれる」とは、浅川町公式ホームページでの紹介。

小さな命に心を痛めながら研究に勤しんだ富三も、故郷の花火大会をつかの間楽しんでいたに違いない。

❖般若峠の碑

白河市大信　旧会津街道沿い

平成の大合併の時、まるで呪文のように明けても暮れても「ガッペイ、ガッペイ」と世の中全体が騒々しかったことが今となっては嘘のようである。

平成十一（一九九九）年に三千二百三十二あった全国の市町村数は、平成二十三（二〇一一）年四月現在で千七百二十四になった。そして福島県は九十から五十九の市町村に減少した。それが良かったのか悪かったのかは別にして、どの町村がどこと合併しどんな名称になったのか今もって曖昧なところがある。旧大信村もその一つで、これを書くにあたって調べると、白河市に組み込まれていた。

芥川賞作家の中山義秀は、旧大信村出身である。彼の作品「碑《いしぶみ》」の中に出てくる「般若峠の碑」は今も歴然と現存し、そのことについて小説には次のように書かれる。

「泉の側の藪だたみの中に、もう一つ変な碑がたっている。蔦葛に蔽われてちょっと気づかないかもしれぬが、碑の両側に天狗とおかめの面がとりつけてある。天狗の赭顔は鼻高々と東を向き、三平二満のおかめの白面は西を向いて尽きぬ笑をおくってゐる。峠を東から登ってきた者は天狗の渋面に迎えられる代わり、峠を下る時にはおかめの愛嬌に見送られ西から登ってくる者はその反対となるわけだ。碑の正面の苔を削りおとしてみると、「般若峠」という文字が微かにあらわれ、その下に二行にわたって「東利養道《りようどう》」「西　涅槃道《ねはんどう》」と記されてあるから、行脚の旅僧が仏の智慧をもって衆生済度の発願をおこし、往時人馬のゆききの多かったこの場所に建てたものであろう。それにしても天狗とおかめの面のとりあわせは、人生行路を簡単に風諭《ふうゆ》した思いつきで興味がある」。

三月中旬、花粉症用のマスクを付け般若峠の碑をひと目見んと大信を目指した。峠と名が付くだけに多分、道のないような山中にあるのだろうと覚悟はしていた。場所を確認するため大信地区の中心部にある中山義秀記念文学館を訪ねると、そこにはイラスト入りの地図が準備してあり職員が手際良く説明してくれた。

「案内標識はありますか?」「それがないのです。近くまで行ったら山際を注意深く見てください。樹木を取り払った小さな空間があります。碑は大きな岩上にありますのですぐ分かります」「駐車できる場所はありますか?」「広い道路なので道路脇に充分停められます。ああ、そうそう、旧上小屋宿（旧宿場町）の最初の家のところを左折してください。後は一本道です」。

「般若峠の碑」は、大きな岩上にちょこんとのっかるように立っていた。碑といっても碑文はなく、小説に出てくる「般若峠」、「東　利養道」「西　涅槃道」の文字は見当たらなかった。興味を抱いていた「天狗とおかめ」も間近に近寄って見なければ分からないほど風化が進んでいた。思ったよりも小さな碑なので、小説同様その存在を知らない人はほとんど通り過ぎてしまうのもやむを得ない場所と碑だった。ただ、山中でなかったことが幸いした。

「碑」の下部には、信仰を物語る古峯神社の文字。

古峰ヶ原神社とも称される古峯神社は、栃木県をゆかりとする神社。火防の神としてその土地々で信仰を集め、ここ地元消防団からの崇敬も厚かった。

中山義秀の小説には、「天狗とおかめ」とあるが、実際は「烏天狗」といわれている。撮影してきた写真を拡大してみると、なるほど鼻の形など天狗のように見えなくもない。

栃木県鹿沼市に鎮座する古峯神社は、別名「天狗の社」とも呼ばれ、天狗は祭神となっている。日本武尊の使いとして、崇敬者に災難が起こった時、直ちに飛翔して災難を取り除いてくれるという。

天狗には、顔が赤く鼻の長い天狗の「大天狗」と黒い嘴のある「烏天狗」がある。もしかするとこの碑は、地元でいわれているように「烏天狗」であって、もっと厳密にいうならば「大天狗」と「烏天狗」であって「おかめ」ではないのではないか。しかし、小説的には「天狗とおかめ」とした方がインパクトが強く、話題性にもなるということを念頭に中山は書いたのではないか、などと勝手な想像を膨らませながら帰路についた。

会津

❖沼尻軽便鉄道記念碑

猪苗代町　磐越西線川桁駅前

ある日曜日の夕刻、磐越西線川桁駅を訪ねた。人影は全くなくひっそり閑としていた。駅前に、平成十五（二〇〇三）年九月に建立された黒御影石造りの立派な沼尻軽便鉄道記念碑が立っていた。黒御影石が鏡のように艶々しているので、撮影者の影が映ってしまい撮影は意外と難しかった。

「川桁駅発～沼尻駅行き発着駅跡」の文字下に、機関車の絵と歌詞と路線駅名が刻されていてちょっと楽しい気分になった。機関車は、当時運行していたドイツコッペル社製の蒸気機関車であろうか、レトロな形が郷愁を誘う。駅は、川桁駅を含め十一駅。碑を見つめていると、十五・六キロの距離をのんびりトコトコ走ってゆく姿が心象風景として浮かんでくる。

碑裏面に「沼尻軽便鉄道の歩み」として、沼尻軽便鉄道の歴史が簡潔に刻されている。

・沼尻軽便鉄道は沼尻山硫黄鉱区の日本硫黄（株）の関連事業として生まれた鉄道である。

・明治四十年四月岩代硫黄（株）が増資して日本硫黄（株）が設立された。

・明治四十一年九月耶麻軌道（株）鉄道は日本硫黄の下請けとして川桁～大原（現沼尻）間にレール幅六〇九ミリで、距離十五・六kmの人車軌道を敷設した。

・明治四十五年五月、人車より馬車に代わりレール幅七六二ミリに変更された。

・大正二年五月十一日、日本硫黄社内の耶麻軌道部となり、一般旅客貨物の取扱いを開始。

車輛は十二人乗り客車三輛、無蓋車三トン、二十三輛を所有、馬一頭が時速十二kmで一輛を引いた。

・大正三年一月、ドイツコッペル社製蒸気機関車二輛を購入した。

・昭和二十年一月一日より、日本硫黄沼尻鉄道と変更された。

・昭和二十一年度、貨客混合列車は年間五十三万人の輸送、貨物は昭和十四年には五万四千トンが最大輸送量であった。
・昭和二十八年、ディーゼル機関車（十二トン）が蒸気機関車に代って運行された。
・小さな軽便鉄道は、「マッチ箱」の愛称で親しまれ、川桁、沼尻間を硫黄・木材・炭等を運搬し中の沢温泉、横向温泉の湯治客、沼尻温泉スキー場への旅客の輸送と沿線住民の足として寄与してきたが、道路の整備、交通機関の発達、社会情勢の変化に伴い、五十六年余の輝かしい業績と数々のエピソードを残した。
沼尻軽便鉄道は、日本硫黄沼尻鉄道から日本硫黄観光鉄道、磐梯急行電鉄と改名し、観光輸送に活路を見出そうとしたが果たせなかった。
・昭和四十三年十月十三日、最終列車が別れの汽笛を沿線に流しながら走り去った。

平成十五年九月
記念碑設立発起人　沼尻軽便鉄道復興促進協議会

猪苗代町

川桁区

軽便鉄道の終点となった沼尻温泉地の入口に木造駅舎はまだ残っていた。ただ、建物は荒れるに任せた状態で一抹の寂しさを感じた。猪苗代町立中の沢保育所入口右側には、平成十四（二〇〇二）年十一月に建立された「高原列車は行く」の歌碑（裏面には建設趣意の碑文）がある。

汽車の窓から　ハンケチ振れば
牧場の乙女が　花束投げる
明るい青空　白樺林
山越え　谷越え　はるばると
ランランラン　ララ
ランランランランラン
高原列車は　ランランランランラン　行くよ

昭和二十九（一九五四）年に発表され戦後復興期の名曲となった「高原列車は行く」の作詞家は丘灯至夫（小野町出身）。丘が幼少のころ訪れた沼尻高原をイメージして沼尻軽便鉄道がモデルとなって作詞された（作曲　古関裕而、歌手　岡本敦郎）。

建設趣意の最後に、「地域の暮らしを支え続けた軽便鉄道への感謝の意と往時の沼尻高原の風景や同鉄道の姿を偲び、さらには同曲が国民の愛唱歌として末永く歌い続けられることを記念し、歌碑が建立された」とあり、歌詞は丘灯至夫の直筆。

沼尻鉄道で走っていたディーゼル機関車は、猪苗代町「緑の村」に屋外展示されている。車内には自由に出入りでき、当時の雰囲気をちょっぴり味わうことができる。

◈三方石碑

猪苗代町　猪苗代湖畔の森自然散策路

国内四番目の面積を持ち標高五百十四メートルに位置する猪苗代湖北西岸に、明治四十一（一九〇八）年、有栖川宮威仁親王殿下の翁島別邸として建設された国指定重要文化財の「天鏡閣」がある。

明治四十（一九〇七）年八月有栖川宮威仁親王が東北巡幸の際、時の福島県知事平岡定太郎の勧めで猪苗代湖畔を巡遊の折、この地の風光の美しさに深く感動され、猪苗代町大字翁沢地内に別邸を建設されることとなった。

明治四十一年春に起工し八月には竣工。わずか五ヶ月たらずの短期間で完成してしまった天鏡閣。竣工して間もない九月には東北地方巡幸中の皇太子嘉仁親王殿下（大正天皇）がここに立ち寄り五日間滞在している。それゆえ、突貫工事の短期間で竣工した

のは大正天皇の滞在に間に合わせるためだったのではないかとされる。

大正十三（一九二四）年には、当時皇太子であった昭和天皇が新婚旅行に来訪。「二人は毎日、散歩をした。日傘をさした良子と、何を話しているのか、ハハハと楽しげに笑う裕仁の高い声が、湖畔に響いた」（『文藝春秋』平成十九〈二〇〇七〉年九月号、昭和天皇新婚の日々・福田和也著）の文章から、湖畔を散策するお二人の仲睦まじい姿が浮かんでくる。

有栖川宮家は、大正十三年に絶家となり「天鏡閣」は、高松宮別邸として引き継がれる。戦後の一時期青少年の教育の場として「英世学院」が開設され、昭和二十七（一九五二）年十二月には、敷地・山林とともに福島県に寄贈となる。

昭和三十五（一九六〇）年には隣地に県営国民宿舎「翁島荘」の開設に伴って天鏡閣も宿舎に利用されたが、傷みが激しいため昭和四十五（一九七〇）年からは使用を中止。昭和五十四（一九七九）年に国重要文化財の指定を受け、今日に至っている。

当時、本邸・別邸含めて天皇家、宮家のすべては当時関東か関西に限られていた。なのに、この別邸だけがなぜか会津の地になった。それは、明治維新後新政府が会津に行った理不尽な仕打ちに対する会津人への憎しみの感情の融和を考えてのことではないか、との考察もある。

「天鏡閣」の名称由来は、嘉仁親王殿下が周辺の景色、朝夕の光が猪苗代湖に輝きわたるのをあたかも天鏡を見るような眺望と賞せられ、李白の句「明湖落天鏡」にちなんで命名。そして有栖川宮威仁親王殿下は、この閣名の由来を後世に伝えるため、東宮侍講三島毅（中州）に命じて作らせたのが「天鏡閣記」。それを同殿下の没後大正九（一九二〇）年に威仁親王妃慰子殿下が、同殿下の遺志に基づき、天鏡閣北側の小高い山の上にある自然石に、内大臣秘書官日高秩父の書による「天鏡閣記」を刻ませたのが「三方石碑」である。

碑の全文は八百五十二字（句読点を除く）からなる。その一部を抜粋してみる。

「明治四十八年八月、有栖川宮威仁親王東北の遊次福島県に宿る。県知事平岡定太郎猪苗代湖を観光あらせるべき事を請ふ。即ち駕を枉げ深く景勝を愛し給い定太郎曰く士民地を献じ殿下の為別邸を設けんと欲す。幸聴許を得皇化益々東北に遍からんと。（中略）親王来臨、知事西沢正太郎及郡長以下従事者二百余人を会し之を祝賀す。吏民歓呼し感激泣下す。（中略）会々皇太子東北巡遊の途過訪大いに勝景を賞し命名して天鏡閣と曰ふ且扁額を手書して贈る。（中略）湖は会津、耶麻、安積三郡に渉り周囲十六里、南北三里、翁島は閣南数丁に点在し竹樹蓊鬱一巨艦を泛べたるが如し蒼波浩洋其外漁艇浮び禽鳥翔け雲煙過ぎり晨気暮色映写秀徹し一大天鏡開くが如し、皇太子の命名は其真に負かず蓋し之を李句の明湖落天鏡に取ると云う。（後略）」

「三方石碑」には、「天鏡閣」裏手の猪苗代湖畔の森自然散策路を道なりに行く。ゆったり歩を進めることおよそ二十五分。途中、大正天皇御手植えの桧を見ながら「おもいでの小径」と名付けられた散策路の行き止まりまでいくと、木々の梢からきらきら光る猪苗代湖が望める場所に出る。その傍らに「三方石碑」はどっしりと存在感を示している。

高さ約三・七《メートル》、横幅約三《メートル》の自然石を研磨し、そこに約七《センチ》の大きさの文字がびっしり刻されている。自然石全体が苔むし「天鏡閣記」全文を読み取ることは難しい。

雑木林の中の散策路は閑静で実に気持ちが良く、野鳥の囀り、草木や大地の匂いなど四季折々の風情が身を包んでくれる。梢を通して垣間見える猪苗代湖の穏やかな表情も良い。皇族の方々もこの豊かな自然を満喫しながら通称「ロイヤルコース」を愉しんでいたのだろう。人工音の届かない雑木林の中を何も考えずに散策するのも悪くない。

❖現夢翁略傳碑

磐梯町　五色沼自然探勝路

風光明媚な景観地として県内外に知られている裏磐梯の五色沼。特に新緑、紅葉の季節には、五色沼湖畔に沿って整備されている全長約四キロの自然探勝路は、老若男女で賑わいを見せる。

自然探勝路入口は、五色沼側からでも裏磐梯高原駅側（檜原湖側）のどちらからでも良いが、「現夢翁略傳碑」へ行くには裏磐梯高原駅から入った方が近く、距離にして約一キロにある案内板から山道を歩くことおよそ三百五十メートルの奥まったところに碑は立っている。そこには「現夢翁略傳碑」の他、「現夢夫妻の墓」「現

夢の歌碑」が世を偲ぶようにひっそりとある。

「現夢翁略傳碑」は、昭和三十六（一九六一）年、現夢二十七回忌に際して、子孫によって建てられた。その全文を紹介してみる。

「裏磐梯国立公園ノ開祖遠藤十次郎ハ元治元年五月十日会津若松新横町瀧口大右エ門ノ十二男ニ生ル後遠藤ノ姓ヲ継グ資性剛直物欲恬淡国家ニ奉ズルノ念篤ク醤油醸造業ノ傍ラ植林開墾ニ着目シ松平家ノ廟所見禰山ニ杉ヲ鶴ヶ城址ニ桐ヲ植ヘ又濠ノ水利ヲ完成シテ養鯉ヲナスト共ニ数十町歩ノ美田ヲ開ク等社会ニ貢献スル所大ナリ明治廿一年磐梯山ノ大噴火ニ一望荒廃ノ此地ニ立チ一念発起シ数々ノ苦難ヲ克服遂ニ官地壱千数百町歩ノ拂下ニ成功シ自ラ先頭ニ立チ鍬ヲ執リテ植林シ道路ヲ開発シ将来ノ大森林公園ヲ期シテ半生ノ心血ト私財ヲ傾ケテ事業ハ着々其ノ緒ニ就ク後森林組合ヲ結成シ旧噴火口ニ注水シテ温泉トナスノ大工事ヲ発案シ成功セシモ此事

ハ組合ノ法規ニ触レル所トナリ憂悶遂ニ病ヲ得テ再ビ起ズ酬ハレザル生涯ヲ閉ズ享年七十有三生前自ラ選ビシ此大墓石ハ噴火ノ際ニ飛来セシ最大ノモノニシテ永ク其志ヲ傳フベク然モ其功ヲ語ルモノハ其手ニ植ヘシ松ノ緑ノミカ　嗚呼不肖不敏父ノ終局ヲ全フシ得ザリシヲ憾ム」

現夢の墓の基部には、現夢と妻の戒名と没年、享年が刻され、墓の右側約十五《メートル》にある自然石の歌碑には、「なかきよにみしかきいのち五十年ふんかおもへば夢の世の中」の歌が刻されている。

遠藤現夢とはいかなる人物でどんな業績を成し遂げたのであろう。彼の生涯と業績をまとめた『裏磐梯の植林と遠藤現夢』（阿部武著）の冊子から、主な業績の部分を引用して紹介してみる。

○遠藤現夢の本名は、遠藤十次郎。元治元（一八六四）年、会津若松市新横町の味噌・醤油醸造業瀧口太右衛門の十二男として生まれる。慶応三（一八六七）年、佐瀬家の養子となるも一年後瀧口家へ戻る。明治二十一（一八八八）年、会津若松市大町の米屋（大和屋）の婿養子となり、遠藤十次郎となる。

○明治三十四年、三十七歳。若松と田島間に新道路が開設されたのを機に「南会津運送会社」を創設し、運送業に取り組む。
○明治三十八年、鶴ヶ城跡の管理者に選出され、私財を投入して「鶴ヶ城整備事業」を推進し、桐の植林、濠の整備、鯉養殖、桑畑開作など行う。
○明治四十一年、歩兵第六十五連隊が若松に移駐するにおよび、それを記念して栄町、一の丁通りなどに桜千本を植樹。
○明治四十三年、裏磐梯の植林事業に取り組む。後、「裏磐梯」の命名者となる。
○磐梯施行森林組合を設立（第Ⅰ期の時期は不詳）し、引湯事業を行うが結果的に失敗に終わる。

福島県立博物館南側にある現夢の功績を称えた案内板には、次のようなことが書いてある。

「『花は桜木人は武士』との古言のとおり鶴ヶ城跡は桜の花が実に美しく、多くの会津藩士の武士道が今にして偲ばれる。天守閣や石垣と桜の花は、とてもよく似あい、思わず『春高楼の花の宴』と土井晩翠の名作『荒城の月』の歌を口ずさむ。しかし、会津藩時代の城内には、桜ヶ馬場以外に桜樹は殆んど無かったという。今日のように、桜の花がらんまんと咲き乱れる〝花の鶴ヶ城〟にしたのは、近くに住む遠藤十次郎（現夢先生一八六三〜一九三五）の尽力であった。会津松平家からお城の管理・整備をまかされていた十次郎は、明治四十一年、城跡の近隣に陸軍の歩兵連隊が新設された記念に、同志とともに鶴ヶ城跡内外に染井吉野の桜苗一千本を植樹することを考え、率先して奉仕作業をしながら、その成果を見守った（後略）」。

会津に居住して一年目の平成二十四（二〇一二）年の春、鶴ヶ城周囲に咲き誇る桜樹群を見た時、その素晴らしさに今までにない感動を覚えた。同行した妻は私以上に感激し、次の日、夜桜見物に出かけた。ライトアップされた桜樹群は、昼とはまた違った艶やかさで、それは着飾った淑女のようで気品に満ちていた。行き交う人々はみな顔をほころばせ思い思いに夜桜を愉しんでいる姿を見て、ふと与謝野晶子の「清水へ祇園をよぎる桜月夜こよひ逢ふ人みなうつくしき」の歌を思い出した。

❖みつばちの碑

会津若松市城東町

サクラも終わり新緑が目に眩いばかりになったある日、會津風雅堂に隣接する野球場南側付近を自転車で走行中、偶然「みつばちの碑」を見つけた。大きな自然石にこれまた大きな字で「みつばちの碑」とだけ刻されているのを見て、吸い寄せられるが如く近付いて行った。碑の側にある「みつばちの杜」と題した案内板に次のように書いてあった。

一、蜜蜂の碑を建てる事は養蜂協会員の念願で昭和四十五年総会にて決定したが蜜源樹の減少に対処が急務と毎年十町歩の山林にアカシヤ、栃の植林を優先し五ケ年継続した。

一、植林事業の目的を達し、昭和六十一年碑の建立実行に取組む。

一、建立場所は会津若松市の御好意により、比の地に、石碑は伊南川石を使用、会員各位の御協力により念願の供養碑と公園作りが出来た事は筆舌に尽くし難い感謝で一杯である。
一、さらに周囲に季節の蜜源樹を植え、「みつばちの杜」とし市民憩いの場所作りに多少貢献できた事は二重の喜びである。

昭和六十三年八月三日　福島県養蜂協会

「みつばちの碑」は、養蜂に携わる人々によって建てられたみつばち供養のための石碑だった。

会津の養蜂の歴史は、田中玄宰が家老であった寛政九（一七九七）年まで遡るといわれ（寛政九年三月二日、会津藩作業場の割場〈旧若松女子高跡付近〉でみつばちを飼っていた記録があるという）、会津での養蜂の歴史は意外にも古い。

碑の裏には次のように刻されている。

「蜜蜂が、人類に大きな恩恵を与えていることに感謝し、蜜蜂のもつ友愛、倦むことのない勤勉、揺るぎない団結力、外敵に対しては死を賭して群を守る犠牲的精神などを讃え、ここに私たちが蜂人として犠牲にした無数の愛蜂の小さな霊に、心から鎮魂の祈りを籠めてこの碑を建立する。

昭和六十三年六月二十日　　福島県養蜂協会」

とあり、賛同者の名前が刻まれている。賛同者の内訳人数は、会津三十七名、中通り十八名、浜通り四名、県外十二名、一般四名の計七十五名が連なる（一般は、蜜蜂愛好家）。

「みつばちの碑」のある小公園には様々な樹木が植えられている。シャラソウジュ、ハナミズキ、ムクゲ、ライラック、レンギョ、アカメガシワ、カンツバキ、マロニエ、キンモクセイ、イチョウなど。これらはすべて蜜源樹になる木という。

当時、福島県養蜂協会会津支部長の鈴木賢一郎（磐梯養蜂場代表）さんから話を聞く機会があった。鈴木さんが養蜂に携わったのは昭和三十（一九五五）年からでかれこれ七十年近くになる。その間の苦労話なども交えて「蜜源樹の減少」「熊やスズメバチ被

害対策に対する苦慮」「養蜂に適する会津の気候・風土」「みつばちの生態（西洋みつばちの優秀性）」「蜜源樹の植栽」「みつばち碑建立の経緯」「農薬散布の悪影響」「後世に残す蜜源樹としてのユリの木植栽」など、これまでの経緯や課題、そして将来の展望も含めて話をしてくれた。

「みつばちの羽音を聴くのが一番の楽しみ」というように、「みつばち」に対する愛着は強く、そして案内板の中にもある「蜜蜂のもつ友愛、倦むことのない勤勉、揺るぎない団結力、外敵に対しては死を賭して群を守る犠牲的精神」についても熱く語り、「みつばちには感謝している」と何度も口にしていたことがとても印象的であった。「みつばちが生育できる自然環境がずっと維持できる社会であってほしい」という言葉にも改めて深く考えさせられた。

鈴木さんが作った「磐梯はちみつ」を頂いた。可愛らしいデザインの容器包装には、「磐梯はちみつは会津の深山のトチ、アカシヤより蜜蜂が花から集めた清浄な花蜜を巣房に貯えた天然の栄養甘味料です。主成分は葡萄糖、果糖ですから砂糖のように歯を損ねず、胃腸にやさしく直ちに栄養となって吸収され、その上十種類のミネラルを含んでいますので、ビタミン源として美容健康にお役立てください」と書かれていた。トチ蜜できた蜂蜜は、とろりとして深みがあり甘さはまた絶品だった。

「みつばちの碑」のある小公園内の春は、甘い香りに包まれる。匂いの主な源は、薄紅色の花を咲かせていたマロニエから。まろやかな甘い香りは、みつばちや野鳥だけでなく、人間をも魅了し、匂いに引き寄せられたのであろう散歩中の方が何人か立ち寄ってきてしばらく佇んでいた。憩いの場としても立派に貢献している。

❖眠りたいはしゃぎたい碑

会津美里町（旧本郷町）　白鳳山公園

眠りたい　はしゃぎたい

羽曽部　忠

眠りたい　はしゃぎたい
ふるさとの　吹雪の中で
眠りたい　はしゃぎたい
盆地の　まっただ中で
眠りたい　はしゃぎたい
たった今　とどいたばかりの
星の光に　つかまって

（まど・みちお書）

中世の山城跡である白鳳山公園は、始めこそ急勾配だが後は程よい緩急のあるくねった緑に覆われた道が続き、車の往来も少なくウオーキングにはもってこいの道だ。公園の頂上部からは会津美里町市街や会津若松市街が眼下に見え、遠くには会津の峰々も一望できる。案内板によると、かつてここでは農耕馬などの安全を祈って盛大な祭礼が行われ賑わっていたという。

公園一角の馬頭観音堂礎石のある厩嶽に「眠りたいはしゃぎたい碑」が立っている。碑文は、まど・みちお、作者は羽曽部忠。碑に刻されているたった七行の詩に、子どもの頃の懐かしい記憶が呼び起こされてくる。

碑裏面に羽曽部忠の略歴が書かれていた。

「一九二四年福島県会津本郷町に生まれる　旧制会津中学時代から北原白秋に私淑し作詞を始める　福島師範を卒業　会津若松市内の小中学校で教師生活をはじめる　東京に移り公立小学校に勤務　その間「こどもと文学」「らてれ」「ぺんぎん」「ぎんやんま」「あんじゃり」「牧場」等に詩や童謡を発表　福島県自由詩人賞　日教組文学賞を受賞している

著作に詩集「てぶくろのまど」「ぜいたくな空」「ばあさんはふるさと」「けやきの空」「世界で一番夕焼けが美しい町のできごと」童話「ションベン小僧」「清水わく村」などがある　作品の多くは故郷会津を舞台に「人間を含め自然の中で生き活かされている生き物たちの関係」を素朴に力強く祖母たちに語らせ人情豊かな共生をうたい行き過ぎた文明に翻弄される暮らしの不自然さを指摘　読者の共感を得てきた　小学国語教科書に収載されている作品は多くの子どもたちに読まれている

一九八九年には「けやきの空」で新美南吉文学賞を受ける

子どもと詩文学会会員　日本児童文学者協会会員

一九九三年三月六日没　享年六九歳」

白鳳山公園の「二の曲輪跡」は、「白鳳山公園と向羽黒城跡」として新観光福島二十景に選ばれた場所だけのことはあり、一段と眺望良く磐梯山

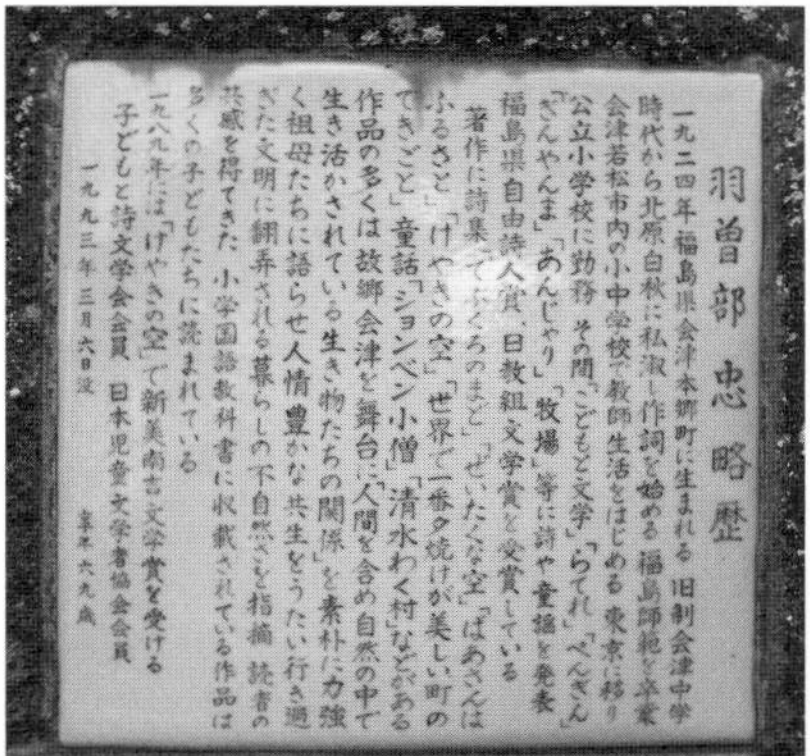

の山容がくっきりと見渡せる。

向羽黒山城跡の案内板には「向羽黒山城は東北の雄、葦名盛氏が永禄四年（一五六一）に着工し、同十一年に完成した軍事的にかたよった縄張りを持つ山城である。この二の曲輪は実質的には近世の本丸（城主の居所）にあたる所と考えられ、一の曲輪の峻嶮さに比べ、曲輪取りも広く、展望性に富んでいて、生活に必要な飲料水を確保している水の手曲輪も近くにあり、生活機能が重視されている。この平場上から礎石も発見されているのでそれを用いた建造物などが存在したとも考えられる。大川の清流を眼下に、眺望絶景のこの曲輪は四百余年前の盛氏の大きな夢を今に伝えている」とあった。

急登になるが時間があれば、標高四百八・八《メートル》の山頂にある「一の曲輪跡」まで足を延ばしてみるのもいいだろう。「会津を一望におさめることができ、戦国大名芦名氏の本拠としてふさわしいところである。曲輪の東南は大川畔まで百六十九《メートル》の絶壁で他は土塁や空堀で厳重にかためられ、『詰めの城』とし、城中最後の場として周到な用意がほどこされている」という登り口にある案内板の通り、一の曲輪跡からの眺めも良く、その光景はしばし俗世を忘れさせてくれる。そんな中で、羽曽部忠の詩を口ずさむのも一興だろう。

◈石川啄木碑

会津美里町雀林　法用寺境内

「雀林《すずめばやし》」と読む何ともロマンチックな地名の地に建つ法用寺は、養老四（七二〇）年に徳道によって開かれたものの大同二（八〇七）年に焼失し、翌三年に徳一大師が現在の場所に再興したとされる。同じく徳一によって建立された三重塔もあったが、いつの頃かやはり焼失したという。その後、三重塔は室町時代に再建されたが江戸時代の宝永六（一七〇九）年に大雪のために倒壊するという受難に遭う。重厚な造りの観音堂左手に建つ現在の三重塔は、安永九（一七八〇）年に地元会津の大工棟梁中山次右衛門、越国仙七によって建てられた。

啄木碑は三重塔右手にある。なぜここに啄木碑が?と誰しも訝しく思うだろうが、雀林出身の小林（中野）寅吉と石川啄木との浅からぬ因縁があったからに他ならない。その辺の経緯について、『啄木文学の周辺』（三留昭男著『言文』三十三号福島大学国語学国分学会編）に詳しく記述されているのでその一部を紹介してみる。

「小林は、法用寺境内に柳一株を植えた後、学の成ることを期して上京。明治三十四年七月東京専門学校法律科（現早稲田大学法学部）を卒業後、明治三十七年十一月に警視庁巡査となる。一年ほどで辞職し、北海道は小樽駅の助役となる（その時の駅長は、啄木の義兄山本千三郎）。明治四十年九月、創設したばかりの『小樽日報』に入社し、事務長となる。啄木は、同年九月二十三日に小樽日報への赴任が決まり、十月一日に出社し野口雨情と三面を担当することになる。啄木は生活困窮のため社から前借りや無断欠勤などで小林と対立。この辺の事情を沢田信太郎の『啄木散華』の文章を引用している。今小林に社で殴られて来た、僕を突き飛ばして置いて足蹴にした、僕は断然退社する、アンナ畜生同然の奴とどうして同社など出来るものかと、血走った眼からボロ〻涙を零してる、見ると羽織の紐が結んだま〻千切れてブラリと吊がり、綻びに袖口から痩せた腕を出して手の甲に擦過傷があり、平常から蒼白の顔を硬張らせて、突き出た額に二つばかり大瘤をこしらへ、ハァ〻息を切って体がブル〻悸へて居た。私も之には驚いた、早速応急手当をして二人で公園館と云ふ下宿に佐田鴻鏡を訪問し、三人で善後策を相談したが、啄木は飽くまで退社を主張して譲らず、事務長を首にするまでは断じて復社しないと云ふので、翌朝私は社長を訪問して、書面で事務長の暴行一件を報告すると共に、迅速なる処分方を要求して置いた。併し社長は何と思ってか問題にせず、荏苒《じんぜん》日を送る中遂に十六日付を以て、啄木は退社理由書を社長に叩きつけて、凱旋将軍のやうな態度で社をやめて佐了った」。

小林事務長も責任を感じて間もなく退社。「小樽日報」は明治四十一（一九〇八）年四月十八日をもって事実上の廃刊。その後の小林の軌跡は、明治四十一年六月北海道庁衛生部警部、明治四十二（一九〇九）年十二月台湾総督府警部、明治四十三（一九一〇）年二月会津藩士族中野新太郎長男数馬と養子縁組し妹キヨと結婚し、中野と改姓。同年八月朝鮮総督府警部、大正二（一九一三）年六月警視庁警部、同年九月キヨと協議離婚し小林に復籍。大正三（一九一四）年十一月警視庁懲戒免職、同月、中野寅次郎と婿養子縁組し、養女セツと結婚、また中野姓になる。大正九（一九二〇）年五月、第十回衆議院議員選挙に当選し、以後合計六回当選を果たし、「蛮寅」の異名で活躍する。

啄木の歌集『一握の砂』の中に小林を詠んだ歌が五首載っている。

椅子をもて我を撃たむと身構えしかの友の酔ひも今は醒めつらむ
負けたるも我にてありきあらそひの因も我なりしと今は思へり

殴らむといふに殴れとつめよせし昔の我のいとほしきかな
あらそひていたく憎みて別れたる友をなつかしく思ふ日もくる
敵として憎みし友とやや長く手をば握りきわかれといふに

最後の二つが法用寺境内に建立されている歌碑の歌である。それについて『生涯教育第十四号』（にろく大学本部、昭和六十一〈一九八六〉年三月二十日）の中に、「石川啄木が殴られた亡霊成仏のため歌碑建つ」のタイトルで桑原兆堂氏が次のように書いている。

「事務長の中野寅吉に殴りとばされたのは、全く啄木という男は、たちの悪い男で、仕事はろくにしない。酒癖は悪い。その上お金を借りちらして払わないというので、正義感の蛮寅も目に余って撲り飛ばしたというものらしいのである。この蛮寅、数回の代議士をやめて郷里に帰り、生地の会津高田法用寺の住職となって一生を終わったのである。

本年は啄木生誕百年の年だから、小樽日報で喧嘩をやった事務長、中野寅吉が晩年住職として一生を終わった会津高田町の法用寺に、啄木の歌碑を建てて、地下の二人を仲直りをさせて成仏してもらおう、という発想から、『会津啄木会』の人たちの相談で、啄木の誕生日の十月二十七日に歌碑の序幕式が行われたものである。その碑文の一つ『敵として』はフィクションとされている」と。

小林寅吉のエネルギッシュな人生とは裏腹に、啄木の人生は貧窮極まりない人生だった。浪費癖による借金に喘ぎ、啄木周囲の人々は「放埓、驕慢、無責任」が、啄木の評価であった。啄木の人生の中で、北海道で生活した四ヶ月余が最も充実していた時期だったという。それは、諍いはあったものの小林寅吉と一緒に仕事をした一時期とも重なる。

◈ウォーナー碑

湯川村　勝常寺境内

会津盆地の真っ直中に位置する湯川村に、名刹勝常寺がある。小振りで素朴な造りであるものの何とも味わい深い仁王門を潜った先に建つのは、重厚で落ち着いた造りの薬師堂。見事に整えられた茅葺き屋根からは気韻と歴史の重みも伝わってくる。

納経所で拝観の予約をすると、ほどなくして副住職（当時）さんがやってきて他の拝観希望者と一緒に収蔵庫内の仏像を案内してくれた。国宝の日光・月光両菩薩像をはじめ収蔵庫の小空間には実に見るべき物が多く、独特の雰囲気と尊厳が漂う。

副住職のユーモア溢れる案内と各仏像の素晴らしさに満ち足りた余韻のまま薬師堂前で解散。境内を見渡すと、右側（正面からは左側）に土井晩翠の石碑を示す標柱に目が

留まった。土井晩翠の碑がどうしてここにと思いながら碑に近づき碑文を読んでみた。

一千餘年閲《けみ》したる　佛像の数十三を　傳へ来りし
勝常寺　尊き國の宝なり　秋のけしきの深みゆく
會津郊外勝常寺　佛縁ありて詣うできて　十三像を
拝《おろ》がみぬ
昭和二十一年十一月四日　土井晩翠

碑裏に回ると、驚いたことにそこにも何やら文字がびっしり刻されていた。

「ラングドン・ウォーナー博士は一九〇三年ハーバード大学卒二十一歳の頃東京美術学校に留学中は同校教授にして勝常寺中尊寺国宝指定並修理委員六角紫水氏の愛弟子で太平洋戦中は米軍の遺跡保護委員であった

このウ博士のため六角氏が横山大観画伯と終戦の

翌一九四六年七月十日東京築地の旅舎川村で開いた歓迎宴の席上先にウ博士らの提言により三古都が爆撃から救済された話に及ぶと三人は鼎座して互いに手を握りあいしばし感激の涙にくれた
その時またウ博士は六角恩師に対し爆撃しない遺跡のリストの中に東北では昔先生からよく教えられた勝常寺のある会津と中尊寺地方を入れておきましたと報告した
我らは今は亡きウ博士の遺徳を永く偲ぶためここにこの碑を建てる
一九八一年　夏」
こんなところにウォーナー碑があったとは全く意外だった。碑文を要約すると、会津若松が爆撃から免れたのは勝常寺の仏像を保護するためで、それはウォーナー博士の尽力による。その遺徳を偲ぶため碑が建立されたとある。
『京都に原爆を投下せよ』（吉田守男著）によると、それは「ウォーナー伝説」（文化財保護説）として流布したもので、幅広い文献資料を根拠に全くの事実無根であるとする。さらに、ウォーナーが東京美術学校で学んだおり、六角紫水（当時、漆工科教授）の教えを受け、この時、六角はウォーナーに勝常寺の仏像のことを教え、そのことが勝常寺に近い会津若松に空襲がないと信じこまれるようになった。この話を六角氏から聞いた早川喜代次氏（当時、白虎隊記念館理事長）らが昭和五十六（一九八一）年夏、勝常寺にウォーナー記念碑を建てる経緯になったという。

碑文の「爆撃しない遺跡のリストの中に東北では昔先生からよく教えられた勝常寺のある会津と中尊寺地方を入れておきましたと報告した」とある文に、吉田守男は、「ウォーナー・リストには中尊寺は入っているが、『勝常寺のある会津地方』は入っていないと断定し、会津若松が爆撃を受けなかった理由は、都市爆撃を免除した三つの例のうちの一つからだ」とする。

一つは、原爆投下目標として爆撃対象から除外された都市四つ（京都・新潟・広島・小倉）。二つ目は、レーダーが作用しにくい地形のため、レーダーを必要とする夜間や悪天候での爆撃を免除された十五都市。三つ目は、北緯三十九度以北にあるため、硫黄島が基地として使用されるまでは、目標がサイパン島から遠すぎて攻撃不可能であった十七都市。会津若松は、二つ目の例に該当し、いわゆるレーダーが作用しにくい地形であったためで、ウォーナーの働きかけにより会津若松が空襲を受けなかったのではないとする。

ウォーナー記念碑は、全国で六ヶ所ある。生前にウォーナーと親交のあった知人たちが中心になって昭和三十三（一九五八）年に建立されたとされる法隆寺の記念碑。法隆寺の記念碑と同じものとされる昭和三十四（一九五九）年建立の桜井公園（後、安倍文殊院に移転）の記念碑。京都市東山区にある幕末の志士の史料を展示する霊山歴史館に昭和四十五（一九七〇）年建立の記念碑。ウォーナーが戦前最初に来日した際、この地に滞在していたとされる所の茨城大学五浦美術文化研究所の記念碑（東日本大震災の巨大津波でどうなったか）。鎌倉市内の政財界人、文化人、市民らの寄付によって建立されたJR鎌倉駅前に昭和六十一（一九八六）年に建立された記念碑。そして昭和五十六（一九八一）年に建立された勝常寺の記念碑の六つである。

勝常寺の記念碑は、約百八十万円の寄付により建立された。当時としては、ウォーナー博士のお陰で会津若松は空爆を免れたということを疑うべく余地がない事実として受け入れられていた。ウォーナー博士の遺徳を偲ぶという純粋な気持ちから記念碑建立に繋がったことであり、それは他の五つの記念碑にも共通していえることではなかったか。

ウォーナー恩人説は、創作されたものなのか定かではないが、それぞれ別個の事蹟でありながら、土井晩翠碑の裏面にそっと隠れるようにウォーナー碑があるのは、何とも不思議な感じがする。

◈草木塔碑

喜多方市熱塩加納　熱塩小学校校庭南端

碑に刻まれている文字は「草木塔」の三文字。この碑が建てられたのは安政六（一八五九）年で、昭和・平成の「碑」を主に取り上げた趣旨とは外れるが、この碑は現代社会に密接に繋がる意義深いものと考え紹介することにした。

案内板には次のようにある。

「この塔は、安政六年（一八五九）六月の建立で凝灰の角柱石である。昔、赤崎の村に信仰深く働き者の甚三郎といつ樵があった。毎日山に出て用材になる木、薪になる木を切って生計を営んできたが、年老いて家事一切を息子にまかせ、安楽に余生を送っていたが、生計のためとはいえ樹木の生命を絶ったと自責の念にかられ、村はずれの聖地に感謝と供養のため、この塔を建立したと伝えられている。

この名の塔は全国でも米沢市周辺にのみ多くあり福島県内では、これ一基のみである」。

「草木供養塔」ともいわれるこの碑を身近で見ることはほとんどない。そもそも草木塔とは何だろう。一言でいえば、伐採した草木の供養に建立された塔である。案内板にあるように山形県置賜地方（米沢市が中心）に多く、江戸時代に建立された草木塔三十四基のうち三十二基はこの地方にある。それ故、米沢市では草木塔の調査研究が進んでいるものの確たる解明には至っていないとされる。

福島県内唯一の一基は、喜多方市の熱塩小学校校庭南側に、石仏や石塔に囲まれてお地蔵様後ろにひっそりと立っている。高さ百四十チセンの墓石型の石塔に「草木塔」と刻されただけの実にシンプルなもので、目立たないため注意深く見ないと素通りしてしまう。なに故ここにと不思議に思うが、今のところその理由は定かではない。

草木塔の起源には様々な説がある。明和九（一七七二）年の明和の大火（目黒行人坂大火とも）で米沢藩邸が焼失。再建のため、米沢市田沢地区から大量の木材が江戸へ運ばれた。当時の藩主、上杉鷹山は、材木を伐りだしたはげ山に植林を勧めたのが草木塔の起源との考えがある。また、「草木国土悉皆成仏」という文字が刻まれている草木塔もあることから、「人や動物だけでなく草や木にも魂があり、仏になることができる」との説もあり、はっきりしたことは解っていない。

山形市山寺に近年建てられた草木塔には、梅原猛の碑文が刻されている。

「草木塔というものが山形県にたくさんあることを聞いて、私は一種の感動を禁じ得なかった。それは、少なくとも私の住んでいる近畿地方には存在しないが、まさにそれは日本仏教の「山川草木悉皆成仏」という思想を具現化したものである。私は、日本に仏教が入って「山川草木悉皆成仏」というような思想ができたのは、もともと日本には草や木に生きた神を見る思想があったからだと思う。山形にこのような草木塔が多いのは、そこには多分に一木一草の中に神性を見る土着思想が強く残っていたからであろう。

今ここに新しい現代の草木塔が建立されるという。それは目立たないけれど、甚だ時世にそった快挙であると思う。今、世界の人はもう一度人間の生命がいかに草木の生命とつながっていて、草木とのつながりなくして人間の生命がありえないことを深く認識しなければならない。この時にあたって、新しい草木塔の建立は、時代に一つの警鐘を与えるものであろうと思う」

「山川草木悉皆成仏」は「草木国土悉皆成仏」ともいわれ、草木や国土のような心を持たないものもことごとく成仏すること。人間や動物だけでなく草や木にも魂があり仏になることができますよ、ということだろうか。

種田山頭火の昭和八（一九三三）年に発行された第二句集の題名は『草木塔』。また、小句集をまとめて一巻として昭和十五（一九四〇）年に発刊された山頭火の自選句集の題名はやはり『草木塔』である。そのことについて、昭和六十一（一九八六）年に発行された『山頭火全集第一巻』（春陽堂書店）の解説の項に、「（前略）以上の六句集を総括して出版するとき、二人で題名を相談した。山頭火は雑草風景も好きらしかったが、結局『草木塔』とした。草木塔は山頭火塔でもある」と解説を書いた大山澄太は題名について触れている。

山頭火は、「草木塔」が無いとされる西日本を中心に旅をしていたのに、どうして「草木塔」の存在を知っていたのだろう。それは、体調を崩した後の東北旅行の際、「草木塔」の多い山形県置賜地方で見たのではないかとされる。「草木塔」との出会いは、山頭火にとって忘れることができない印象深い大きな出来事だったに違いない。

平成に入って、草木塔建立の動きが全国的に広がっているという。浪江町の清水寺観音堂前にも東日本大震災後に建立された。草木塔建立の動きは、環境や自然保護の意識の高まりと決して無関係ではなく、梅原もいうように現代の人間社会に警鐘を鳴らすとともに自然と共存する大切さを教示する碑ともいえるのではないか。

❖愛汗の碑

喜多方市　喜多方プラザ文化センター敷地

「いつでも　誰でも　どこでも学べる」をスローガンとして始まった「生涯学習」が定着するようになってからどのぐらいの歳月が経つだろう。それ以前は「社会教育」（学校教育と家庭教育以外の教育）という言葉が主流を成していた。その違いはと問われれば「社会教育」は受動的学習に対して、「生涯学習」は、学習者が自ら進んで主体的に学習に取り組むといったところだろうか。

カルチャーセンターの普及や社会情勢の変化の中で、「社会教育は終わった」とする刺激的な内容の本が世に出た時、社会教育関係者に少なからず動揺を及ぼしたことがあった。そんな背景もあってのことだろうか、「生涯学習」を推進する行政的取り組みが次々と施策され各地に「生涯学習施設」も整備されてきた。

県内における社会教育の生みの親ともいえるのが蓮沼門三である。門三が二十四歳の時、修養団を創立。目的は、「自己修養に努め、人格の向上を図る」「相呼応して精神的教育を行う」「教育界を革正し、現社会を改善す」にあった。その方法が「瞑想」「流汗」「偉人崇拝」の三主義の実行実働。個人個人が修養することは途中で挫けてしまうので、心を同じくするもの同志が団結の力でひとりひとりの修養を進める「総親和、総努力」を提唱し、修養団の基本理念とした。

瞑想　必ず朝夕二回、すなわち朝起きた時、夜眠る前に各十分間瞑想する。この瞑想により次のことができる。①胆力養成　②憤怒の鎮圧　③情欲の鎮静　④学問の工夫。

流汗　汗を流すことにより心中の煩欲を払って同情純潔の性情を養い、筋骨を練り、心胆を鍛え、堅忍不抜の意志を養う。

偉人崇拝　尊崇する偉人を毎朝毎夕心に思い起こして、その面影を思い浮かべ、その詩句を吟じ、その事蹟を慕い、時には伝記を繰り返して読むことにより、おのれを刺激し人格の向上を図る。

修養団事業の中で注目されたのが「天幕講習会」。大規模な天幕を使用しての天幕講習の目的は、受講者に町村改善に関する知識を授け、地方自治の実際的訓練を施して、町村青年の指導に当たる中心人物の養成を図ることを目的にした。国立青少年の家（現独立行政法人　国立青少年教育振興機構）の建設と運営にこの天幕講習は影響を与えているとされる。

昭和五十二（一九七七）年八月、喜多方市名誉市民第一号となったのを記念して建てられた「愛汗の碑」の碑文は、

愛なき人生は暗黒なり
汗なき社會は堕落なり

の二行。

「愛と汗の信条」は、

人よ醒めよ醒めて愛に帰れ
愛なき人生は暗黒なり
共に禱りつつすべての人と親しめ
わが住む郷に
一人の争う者もなきまでに

人よ起てよ起ちて汗に帰れ
汗なき社会は堕落なり
共に禱りつつすべての人と働け
わが住む郷に
一人の怠る者もなきまでに

と、青少年に語りかけるのにふさわしい言葉が並ぶ。

門三は、青少年教育の指導から始まっているが運営資金は決して楽ではなく、資金調達のため第一国立銀行の創業者にして「我が国資本主義の父」と呼ばれた渋沢栄一と繋がりを持ち資金の援助を受けている。渋沢の晩年は、社会福祉、教育、国際親善の分野における慈善活動を積極的に実践している。特に、明治五(一八七二)年に設立した東京養育院(日本初の社会福祉施設)に就任してから社会福祉事業に乗り出していく関係で、門三は明治四十二(一九〇九)年六月、渋沢栄一をサクラの名所として知られた飛鳥山の私邸(現渋沢史料館一帯)に訪ね、修養団の趣旨を説明するという積極的なアプローチの結果賛同を得る。その時、門三は二十七歳であった。

門三との縁もあってか、渋沢は大正六（一九一七）年十月十日、喜多方高等小学校（現喜多方第一小学校）で講演し記念に松を植えたという。

他の人を思いやる愛の真理を説き、愛により実現する理想社会は、それぞれに汗を流して働く社会でもあるといい、願いは、無貧、無病、無争の三無の楽園を実現し、総幸福の明るい世界を建設することにあった。

「国民総幸福」の指標を掲げるブータン王国の存在を門三が知ったら果たしてどんな感慨を持ったことだろうと興味は募る。

❖ひめさゆり物語の碑

喜多方市熱塩加納町　ひめさゆりの丘

ひめさゆり物語

美しい乙女は恋に落ち
彼の帰りを待ちわびながら
いつしか深い眠りにつき
やがて一輪の草花となった
さわやかな風に揺れながら
やさしくも可憐に咲き匂う
ひめさゆりは
乙女の面影そのものである

ひめさゆり（別名オトメユリ）を美しい乙女になぞらえた一篇の詩が綴られた「ひめさゆり物語の碑」。石碑には必ず刻されているといってもいい、由来、建立者、詩の作者、建立年代などの表記は一切ない。極めてシンプルな造りにちょっとばかり物足りなさを感じるものの、単純な造形が却って存在感ある石碑の印象を高め、ひめさゆり物語のロマンも駆り立てられてくる。

ひめさゆりが群生する「ひめさゆりの丘」入口に、「ひめさゆりは、喜多方市の花。うつむき加減に咲く花は、正に乙女の風情そのものです。しかし、自生地から移された地に順応して生存することはありません。ひめさゆりにとって、自生する山こそ、ふさわしい住処であり、新緑の中に身をゆだねて咲くのが似合うのです」との案内板に、ひめさゆりのような優しくて奥ゆかしい気持ちが伝わってくる。

毎年、六月一日〜十五日はひめさゆり祭りが開催されるが、年によって開花状況はことなるため日程も一定ではないようだ。

「ひめさゆり」は、日本特産のユリで、宮城県南部、及び新潟・福島・山形が県境を接する飯豊山系、吾妻山系、守門岳、浅草岳や南会津町の高清水自然公園などに見られる。絶滅危惧種にも指定されている貴重な植物だ。花の香りは甘くてとても濃厚、開花時期は六月〜八月。花言葉は「飾らぬ美」「純潔」「私の心の姿」などがある。

純米吟醸酒に「ひめさゆりの詩」（山形県飯豊町）という銘柄がある。ラベルは、もちろん可憐なひめさゆり。一度飲んでみたいと思いつつ次のような即興詩が浮かんできた。

一輪の草花となりしひめさゆり
甘く切ない香りを放ち
今も帰りを待ちわびる
見晴るかす高原に咲き
飾らぬ清楚な美しさは
人の心を捉えてやまぬ
ひめさゆりは
乙女の面影そのものである

雨に濡れそぼつひめさゆり
花につきたる雨しずく
涙の様に流れくる
緑深まる高原に
夏の気配が忍び寄り
はかなき命しぼみゆく
ひめさゆりは
乙女の面影そのものである

勝手な言葉を思いつくまま連ねてみたが、作者あるいは関係者にとっては迷惑な内容かもしれない。ひめさゆりに免じて、ほんの戯言と思っていただければ幸いです。

❖感謝の碑

会津坂下町　川西公民館前

（旧川西小学校跡地）

平成二十三（二〇一一）年十月に建立された「感謝の碑」。いったい何に対する「感謝」を現したものなのか、まずはその全文を紹介しよう。

「平成二十三年三月十一日発生の東日本大震災による福島第一原子力発電所の事故により、葛尾村民は避難を余儀なくされ三月十五日竹内昰俊会津坂下町長に避難のお願いをしたところ快く引き受けていただき、同日の夕刻に、ここ川西公民館に到着いたしました。寝具と温かい食事の提供を受け、会津坂下町の皆様の温かい心づかいに涙が止まりませんでした。最大時四百余名が、四ヶ月間お世話になりました。

これに感謝し、会津坂下町の木である「桜」を植樹させていただきます。

平成二十三年十月三十一日」

これでお分かりであろう、あの世界最悪ともいえる大惨事をもたらした原発災害によって避難した葛尾村の人々を会津坂下町が受け入れてくれたことに対する町への「感謝」の碑である（葛尾村の臨時村役場が開設された）。

葛尾村は、人口千五百余人の小さな村。葉タバコ、高原野菜、畜産などを主産業とする阿武隈山系の懐に抱かれた村で、「松本姓」がやたらに多く、近年、交通死亡事故ゼロが一万三千二百六十一日達成（平成十三〈二〇〇一〉年五月三十一日）した村としても知られている。

村民憲章の一つに、「自然を愛し、心のふれあう平和な村にしましょう」とあり、それを物語るように実に長閑で平和な山村だった。それが降ってわいたようなまさかの原発災害により豊かな自然をはじめ生活基盤の全てが崩壊・寸断されてしまい、村民の生

活は一変してしまった（周辺自治体も同じ）。

沿岸から遠く離れたこの地区は、津波の心配は全くなく地震だけならば、被害のあった個所だけを復旧するだけのことで、後は今まで通りの普通の生活ができるはずだった。それがそうはいかず、放射能の拡散はこの村にも及び、全く予期せぬ事態に誰しもが翻弄され、とにもかくにも原発から遠く離れるため西方を目指して着の身着のまま避難する事態となった。それは想像以上に不安と混乱を招いた。「温かい心づくしに涙がとまりませんでした」の碑文にその時の避難者の心情が痛いほど伝わってくる。

高さ約六十《セン》《チ》、幅約九十《セン》《チ》の碑の材質は青鍋石。四十年ほど前に葛尾村で産出したのを三春町の石材店に保管していたものが使用された。まさかこんな形で役に立つとは誰しも思っていなかっただろう。

葛尾村に「葛尾大尽屋敷跡」という場所がある。村史には、「平安時代、藤原鎌足の子不比等は、藤原政権北家に藤原魚名をあてた。その子孫松本親家が信州は葛尾城からこの地へ移り、その子孫代々が「木炭・養蚕・酒造・製鉄」などで莫大な財を築き豪商になったその屋敷跡」とある。また、『福島県の地名』（平凡社）には、「天保（一八三〇～一八四四）頃までに三春藩や相馬藩などに多大な献金とともに係累を藩士として送り込み、藩有林の伐採権を獲得して製鉄業を継続、使用人常時数百人といわれた。製鉄業は江戸時代末期には洋式高炉の開設により衰退した」とある。今は石垣の一部が残るのみで当時の栄華を見ることはできないが、このように歴史ある実に穏やかな村なのだ。

平成二十三（二〇一一）年六月十一日、葛尾村役場は、会津坂下町より三春町に移転し三春町内二ヶ所に出張所を構え、村民たちも三春町の仮設住宅に移った。葛尾村は、平成二十八（二〇一六）年六月十二日、帰還困難区域以外の区域について避難指示が解除され、令和四（二〇二二）年六月十二日には帰還困難区域の一部で避難指示が解除された。

令和二（二〇二〇）年三月、映画『Fukushima50（フクシマフィフティ）』が公開された。この映画について、作家池澤夏樹氏は、「国土の一部を居住不能にし、多くの原発関連死を出しても、財界と政府は原発を捨てなかった」。また、こうも書く。「ぼくの考えでは原発は実利の争いである。電力業界・財界・自民党の実利と国ぜんたいの実利の争い。英雄的行動に水を差すつもりはないが、それで東電幹部の倫理観の欠如が帳消しになるわけではないだろう」（朝日新聞・令和二年三月四日）と。

❖白洲次郎の碑

柳津町　柳津ダム敷地

「夏が来れば思い出す　はるかな尾瀬　遠い空」の歌詞で始まる「夏の思い出」。それは尾瀬沼を一躍有名にする立役者となり、年間三十四万七千余（平成二十二〈二〇一〇〉年）の人々が押し寄せる一大観光地になった（令和元〈二〇一九〉年度は約二十四万七千七百人・関東地方環境事務所）。その副作用として自然環境問題も年々深刻にもなっている。湖面の標高が千六百六十メートルの尾瀬沼から標高約百六十メートルの阿賀川合流地までの高低差約千メートルを流れ落ちる只見川は、この数字が示す通り急峻な流れである。また日本屈指の豪雪地帯であるため、水量は実に豊かで、ゆえに水力発電には持ってこいの立地となっている。

「只見川電源開発計画」が策定されたのは大正年間（一九一二〜一九二六）。その後、

昭和十六（一九四一）年十一月に只見川最初の宮下発電所の工事が開始されて以降、国内有数の水力発電地帯に発展していく。それは白洲次郎の活躍なくしては実現しなかった。その白洲次郎ゆかりの碑が思いも寄らぬことに東北電力柳津ダム敷地にあった。

新緑が萌え始めたうららかな日、柳津ダムを訪ねてみた。芽吹き始めた二十数本の背丈の整ったドウダンツツジに囲まれて石碑はひっそりと立っていた。どっしりとした自然石には次のように刻されている。

「この発電所の完成は　地元の人々の理解ある協力と
東北電力総業員の不抜の努力なくしては不可能であった
その感激と感謝の記録にこれを書
白洲次郎」

石碑には、独特の細い字体で刻された直筆の碑文があるのみで碑銘や建立年月日はな

く、拍子抜けするほどシンプルだった（勝手に「白洲次郎の碑」とした）。そこに彼の個性と生き様、そして「不抜」という文字に確固たる信念が如実に表れている気がした。ダム工事のため多くの家屋や墓地などが次々と水没し、建設中の死亡事故もあちらこちらで起きている。「白洲次郎の碑」から約五十メートルのところにも犠牲者の慰霊碑があった。球形の碑には殉職した五名の名が深く刻まれ、「殉職者を決して忘れない」という文字に哀悼の気持ちが強く伝わってくる。

多大な犠牲の上に進行していた只見川電源開発。次郎はそのことを人一倍痛感していたため、このような石碑そして碑文になったのではあるまいか。

電源開発は晴れやかな舞台だけでなく、ダム完成後この狭い地域で言うに言われぬ悲劇も起こっている。

ここを舞台として描かれた当時の状況を伝える文学作品に『ダム・サイト』（小山いと子・昭和二十九〈一九五四〉年光書房）『黄金峡』（城山三郎・昭和三十四〈一九五九〉年中央公論社）『小説ただみ川』（山口弥一郎・昭和四十三〈一九六八〉年博文社）『無名碑』（曾野綾子・昭和四十四〈一九六九〉年講談社）などがある。特に『黄金峡』は、作者が「経済という非常な世界と、そこに生きる生身の人間を描いた」と語るように多額の補償金が入ったばかりにくずれゆく人間模様が赤裸々に描かれている。

只見川電源開発が本格化するのは、昭和二十五（一九五〇）年、時の吉田首相が国会審議を経ず電気事業再編政令、公益事業令の布告から始まる。翌年の五月に、次郎は四十九歳で東北電力会長に就任。「安定的な電力供給の確保こそ日本の復興に不可欠」がその時の次郎の信念だった。

昭和二十七（一九五二）年七月二十五日、閣議において只見川の水利権を東京電力から東北電力に切り替える超法規的措置により、同年九月十五日東北電力が只見川の工事実施が認可される。只見川の現地調査の帰りに東山温泉に宿泊。その時の夜、宴会で芸者たちが会津磐梯山の節で替え歌を歌った。

「只見川こそ日本の宝　電気起こして国興す　ハー、電気だ電気だね　電気なければ夏の闇」

次郎は、この替え歌に機嫌を良くし、それ以来、東山温泉がすっかり気に入り、機会あるごとに東山温泉を利用しては、温泉に金が落ちるようにも配慮した。そのお陰で温泉街が活気に満ちるようになったという（『白洲次郎　占領を背負った男』北康利　講談社）。

昭和三十四（一九五九）年春､只見川の電源開発がほぼ完了したのを見て会長を辞職。次郎五十七歳。その後只見川水系には、田子倉ダム、只見ダム、滝ダム、黒谷ダム、本名ダム、上田ダム、宮下ダム、柳津ダムなど二十のダムと三十四の発電所が完成し、最大出力二四〇万キロワットを超える日本有数の電源地帯に発展する。

昭和六十（一九八五）年十一月二十八日、八十三歳で没。墓は兵庫県三田市の心月院の墓地に、名エッセイストとしても知られる妻の正子と並んで立っている。

板碑の墓石には、次郎には不動明王をあらわす梵字が、正子の墓には十一面観音を意味する梵字が彫られている。お互い束縛することなく自由にそして個性ある生き方をした夫婦に似つかわしい一風変わった墓石だ。その墓石は柳津ダム建設現場から持ち帰った石で作られている。生前、柳津ダム建設現場を次郎が訪れた時、格好のいい石を見つけ「死んだらこれに〝俺の墓〟と彫るんだ」と言って持ち帰った石という（『白洲次郎占領を背負った男』）。このことが示すように次郎にとって只見川電源開発は、数ある業績の中でもよほど印象に残る人生の一齣だったに違いない。

※東北電力宮下発電所慰霊塔碑

三島町宮下　宮下発電所

キリの花が薄く紫がかり始め、山肌にはまだところどころ残雪の塊が残る四月中旬、三島町の宮下発電所を訪れた。

東北電力宮下発電所事務所で慰霊塔の場所を尋ねる。「国道二五二号をそのまま突っ切り、三島中学校前を通過してから只見線沿いをしばらく行くと宮下発電所手前の右側に慰霊塔が見えてきます」。昼時の休憩時間だったにも関わらず三十代前半の職員が丁寧に応対してくれた。

只見線と只見川に挟まれ、宮下発電所を背後にして立つ台座を含めた高さ三メートル余りの慰霊塔は、意外にも堂々とした造りだった。雪深い地域であることを考慮してのことなのか、それとも只見川電源開発中、宮下発電所建設では最も多くの犠牲者が出た人々の

霊に対する最大の鎮魂の意を表するためなのか、深く刻まれた「慰霊塔」の三文字に鎮魂の祈りが伝わってくる。

宮下村に発電所建設が始まったのは、昭和十六（一九四一）年十一月。昭和十三（一九三八）年四月に電力の国家管理基本法「電力管理法」によって「日本発送電株式会社（日発）」が創設され、昭和十六年三月に同法が改正されたのを機に宮下発電所建設が始まった。発電工事は宮下村にとっては経済効果が期待できる一大プロジェクトとなり、その様子について三島町史に次のような記述がある。

「この工事によって村はずれの松林にすぎなかった上ノ原は、工事の中心として、工事関係の建物が群立し、一躍して活気に満ちた時代にむかった。人口は工事関係者の移入によって増加し、宮下は商店街として急速に発展した」。

工事は戦時体制下の諸制約を受けながら十ヶ年の歳月を要して昭和二十五（一九五〇）年第一期工事が完

成し出力三万二千百《キロワット》《アワー》の発電を開始した。戦後、昭和二十六（一九五一）年の電気事業再編成によって東北には「東北電力株式会社」が創設され、猪苗代湖関係十五の発電所とその関係施設を除く外すべて東北電力株式会社に帰属することになった。このようなかで工事施工者も「前田組」が「飛島組」から独立して「前田建設工事株式会社」と改称して工事が続行され、昭和二十七（一九五二）年一月第二期工事に着工、昭和二十八（一九五三）年四月に竣工し、総出力六万二千二百《キロワット》《アワー》の東北電力「宮下発電所」の完成をみる。

この工事の最中、只見川筋電源開発の中では最大の五十六名の犠牲者が出た。その霊を慰めるために建立されたのが宮下発電所慰霊塔である。犠牲者には、中国、朝鮮出身の名前も多く見られるのは、三島町史にもあるように戦争遂行によって生じた国内労働力の不足を中国大陸から強制的に求めた結果であった。

労働力不足を補うもう一つの方策として宮城刑務所管内の受刑者も就労させていた。当時の朝日新聞（昭和二十八年二月二十日）に現地報告としてその時の様子が掲載されている。

「全国注視の東北電力只見川電源開発に現在九百五十九名の受刑者作業隊が従事、片門二百五十名、柳津百六十九名、宮下四十二名、上田百四十八名、本名二百三十五名の内訳で各発電所請負組に配備され、積雪酷寒にもめげず工事の進行に大きな役割を果たしている（後略）」。

受刑者の一日の生活については、午前六時半起床、七時半看守付添で持ち場へ移動、十一時半から十二時半昼食、午後四時半作業終了、午後六時まで入浴、六時夕食、八時就寝（十時ころまで自由）と規則正しい厳格な生活指導の中にも比較的ゆったりとした生活リズムであったことをうかがわせる記事が続く。

労働者不足を補い過酷な労働にもまじめに働く受刑者の果たす役割は大きかったとみえ、福島県議会の昭和二十八年二月の定例会の議案第三号に「宮城刑務所の就役労務者に対する感謝決議案」の異例ともいえる決議をしている。ただ、受刑者の中には犠牲者がいなかったのだろうかとの疑問もあるが、慰霊塔の名前からは判別できない。

「慰霊塔」左側面には、「昭和二十五年四月日本發送電株式會社　前田建設工業株式會社」の社名が並行して刻まれ、裏面には、殉職者の名前が刻まれているだけで慰霊に対する文言がないのが寂しい気もする。

最大出力九万四千《キロワット》、常時出力二万千百《キロワット》、有効落差三十四・七五《メートル》、堤体高

五十三メートル、堤頂長百六十八メートル、放水路幅二十四・六九メートル×高九・五〇メートル、総延長四十五メートルの宮下発電所から勢いよく放流される音は山峡に響き渡り、白濁した一級河川阿賀野川水系の只見川は渦を巻きながら下流へと流れてゆく。慰霊塔背後の急勾配の土手斜面にはカタクリとフキノトウが競演するかのように咲き誇り、南会津の遅い春を告げるが、慰霊塔建立と同時に植樹されたのであろう、すっかり古木の風格を帯びた慰霊塔周囲のサクラの蕾はまだ固かった。

浜通り

雲雀乃苑碑——いわき市平薄磯

ひっそり閑とした豊間の集落を抜け海岸へ出ると右手岬の上方に聳える白亜の塔「塩屋埼灯台」が目に入ってくる。地元では「豊間の灯台」とも呼ばれ、昭和三十二（一九五七）年の松竹映画『喜びも悲しみも幾歳月』の舞台となった所としても知られる。

当時の灯台職員の主婦田中きよの手記「海を守る夫と共に二十年」（雑誌『婦人倶楽部』に寄稿、昭和三十一〈一九五六〉年八月号に掲載）をもとに木下恵介監督によって作られた映画で、当時の人気スター佐田啓二、高峰秀子主演による灯台職員の半生を描いた作品だ。全国的に大きな反響を生み、主題歌の「俺ら岬の灯台守は　妻と二人で沖行く船の　無事を祈って灯をかざす灯をかざす」の歌も大ヒットした（灯台へいたる上り口に主題歌の記念碑がある）。

灯台は、外洋を往来する航路の目標をあたえる航路用として、明治三十二（一八九九）年十二月十五日に完成。東北の太平洋沿岸の灯台としては、犬吠埼、尻屋埼、金華山灯台についで四番目の点灯となる。塩屋埼灯台には受難の歴史があった。昭和十三（一九三八）年十一月に発生した福島県北方沖を震源とする地震により、灯器、レンズが大破。灯塔にも多数の亀裂が生じたため爆薬により取り壊されたが、昭和十五（一九四〇）年三月の震災復旧工事により現在の姿になった。しかし、太平洋戦争時の終戦五日前にアメリカ軍艦載機の攻撃を受け、灯籠、レンズに大被害が生じたため昭和二十五（一九五〇）年五月にも戦災復旧工事が行われた。攻撃を受けた際、若い職員一名が殉職するという痛ましい事もあった。そして、今度の東日本大震災によっても被害を受けた。

灯台（海抜約七十三メートル、地上からは約二十七メートル）ふもとの広場に立っているのが美空ひばりの遺影碑と「みだれ髪」の歌碑（二つの碑と「永遠のひばり像」

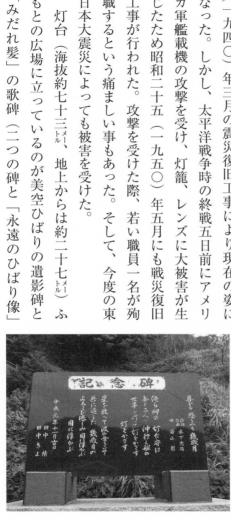

が立つ地を「雲雀乃苑」と呼ばれている）。遺影碑の前に立つと、センサーにより、「塩屋の岬に……」の「みだれ髪」の歌が流れ、在りし日の美空ひばりを偲ぶことができる場所として近年観光名所になった。

ここに建立されたのは「みだれ髪」の歌詞に出てくる塩屋の岬の場所だからということは説明するまでもない。この歌は、美空ひばりが病に倒れた後、病床からの復帰第一作を作るため作詞家の星野哲郎が昭和六十二（一九八七）年三月に塩屋岬を訪れて作詞し、十月には船村徹が作曲してレコーディングされ、ひばり最後のシングル曲となる「みだれ髪」が誕生する。

「みだれ髪」について「国民栄誉賞の昭和史」（『文藝春秋』平成二十四〈二〇一二〉年七月号）には次のように書かれている。

「よく動く口こそは、ひばり最大の武器だった。最後期の「みだれ髪」（昭和六十二）は「ひばりは生きております」と一時の退院をして、久しぶりに録音した彼女の〈演歌系〉の〈この言葉を使いたくはないのだが）傑作だが、この録音時のビデオが残されている。ひばり追悼番組の中で見ることが出来て、非常に興味深い。これに作曲者の船村徹がコメントしているのだが、これまた興味深い。彼はこういう趣旨のことを話していた。

『東京ドームの不死鳥コンサートでの「みだれ髪」も素晴らしかったが、作曲者としてコロムビアでの吹込みの時がいちばんの出来だと思います』

そして両方の「みだれ髪」が映像で流れる。はっきりしているのは、吹込み時の方が口が倍以上細かく動いていることだ。結果として、恐るべき多彩な音色が生まれている」。

美空ひばりの変幻自在の声色を示すエピソードとして面白い。

また、小沢昭一の『日日談笑』には、

「借金が山のようにあり、はからずもならず者に追われ逃げるところがなく、舞台へ逃げたこともあった。舞台から引っ込もうとしても借金取りが袖で待っているので引っ込めず、芝居をどんどん延ばしたとされる。それも芸があったからできたことで、客もそのことに大いに喜んだため借金取りも彼女の芸の実力と素晴らしさを認め借金を待つことになった」とひばりが歌だけではなく、多彩でしかも優れた芸を身に着けていたことを裏付けるエピソードを紹介している。

六月二十四日は美空ひばりの命日。毎年この日には地元住民による花笠踊りや和讃、八木節などが記念碑の前で披露される供養行事が行われてきた。東日本大震災の津波によりこの地域も甚大な被害を被ったが、「雲雀乃苑碑」は無事だった。平成二十四年以降も命日には、供養行事はしめやかに続けられている。

❖磐越東線列車転覆事故遭難碑

いわき市　大滝トンネル付近

いわき市と郡山市を結ぶ八十五・六キロの磐越東線。駅数十六（起終点駅を含む）。線路勾配平均三十パーミリ（千メートルで三十メートル上る）、最高速度百キロの各駅停車の鉄道路線。

磐越東線の着工は明治四十四（一九一一）年。難工事のため七年半の歳月を要して大正六（一九一七）年十月十日にようやく竣工して全線が開通。それに先立つ大正三（一九一四）年から十五年にかけて、平郡西線と平郡東線が開業していて大正六年の全通と同時に磐越東線に改称される。

いわき市小川町から小野町にかけて夏井川と県道四十一号（小野四倉線）が右に左に寄り添って走る。夏井第三発電所近くに、長方形の石造橋脚四本に支えられた高崎桟道

橋が見上げる高さに架かっている。「桟道橋」「県道四十一号」そして「夏井川」と上から段になって平行する光景はここならではの景観だ。

小川駅から川前駅区間内にはトンネルが十ヶ所。夏井川に架かる鉄橋は五ヶ所。大滝付近には、鉄道開業と同時に造られたと思われる鉄橋とトンネルが踏み切りを挟んで左右に見ることもできる。その大滝トンネル手前に土砂崩れ防止用のロックシェッドがある。そこはかつて列車転覆事故があった場所で、近くには遭難碑と六地蔵が立っている。

事故は、昭和十（一九三五）年十月二十七日午後六時三十分頃、豪雨の中、山崩れが発生し線路上に土砂が乗り上げて蒸気機関車が転覆し県道に転落。さらに勢い余って夏井川まで達し、乗客十二名死亡、四十五名が負傷し機関士を含む乗務員五名が重症を負うという大惨事となった。その時の死亡者の慰霊を弔うとともに、事故の惨事を忘れんがために建立された碑である。

その当時の新聞「常磐毎日新聞」の見出しには、

「惨！列車眞ツ逆様四丈下の縣道に墜落　交通通信ともに壮絶し二時間遅れて悲報來る地團太踏む救援隊　死者十一名・重輕傷四十九名」（最終的な死者・負傷者数は記述の通り）とある。

記事は「廿七日午後三時五十分郡山発磐越東線平行二十旅客列車が折柄の雷雨を衝いて同夜六時頃川前―小川郷間の小川村大字上小川字中小川地内を驀進中豪雨のため崩壊した土砂に乗り上げ瞬時にして機関車は脱線転覆し四十尺下の県道に墜落した為続いて郵便車、二等車、三等車等四輌は旅客を乗せた儘大音響と共に機関車に引き摺られて転落し土砂をかぶって折重って転覆滅茶々々に大破し乗客百二十名のうち死者十一名、重軽傷者四十九名を出し阿鼻叫喚の此の世ながらの修羅場と化したが夜来の雷雨に打たれて総ての通信網は全部不通となった為め此の悲報は二時間遅れた午後八時漸く平駅に入った仕末急を聞いて駆け付けた水戸運輸の大木運転、佐藤庶務両課長外、後藤平駅長其他駅関係者及び柴田平署長の指揮する警察隊、医師団等六十余名が救援列車に乗り込んだが赤井、小川郷間線路が浸水氾濫して列車運転は危険に陥った為め一時救援車の出発を見合わせ同夜十一時に至って漸く減水し始めるのを待ち前記救援隊と遺族等を乗せた第一救援車は同十一時四十分現場に向かった」と。

当時の様子がまざまざと浮かんでくる臨場感溢れる内容が書かれている。

大惨事から九十年近く過ぎ当時の惨劇を知る人もほとんどいなく、事故そのものが風化し緑陰のもとにひっそり佇む遭難碑と六地蔵だけがその当時の模様を語り継がんとしている。

夏井川渓谷沿いをガタゴト走る磐越東線の電車は、大惨事などまるで無かったかのように、四季折々の風を受けながら今日も長閑に走りゆく。

❖汽車の碑

広野町　広野駅ホーム

汽　車
今は山中　今は浜
今は鉄橋　渡るぞと
思う間も無く　トンネルの
闇を通って　広野原

このリズミカルな歌を聴くと、思わず心が躍ってくるのは私ばかりではないだろう。常磐線広野駅ホームに、丸型をした黒御影石の「汽車」の石碑がある。『愛唱歌ものがたり』（読売新聞文化部・岩波書店）によると、作詞者は不詳、作曲者は大和田愛羅となっている。

歌詞の舞台となった場所は特定されていないが、詩の内容から常磐線久ノ浜～広野間の情景として比定されてきた。しかし、研究者の間では、広野町は「汽車」の舞台ではないというのが最近の定説になっている。

広野町のホームページによると、広野駅ホームに唱歌の碑が建立されたのは、「鉄道唱歌」を作詞した愛媛県宇和島出身の国文学者大和田建樹氏が東北地方を旅した折、この区間の情景を詩にしたものという伝えからきているとある。しかし、『愛唱歌ものがたり』には、「大和田愛羅とよく似た名前の大和田建樹がいる。建樹は愛媛県出身で、—汽笛一声新橋を—の「鉄道唱歌」を作詞した明治の国文学者。愛羅と同じ大和田姓だが全くの偶然だ。記録では建樹が同線に乗ったのは東京—久ノ浜間。広野まで行った事実はない」として「汽車」の作曲は大和田愛羅とし作詞者は乙骨三郎とする。その根拠として、『近代文学研究叢書三十七巻』の中の「『汽車』『鳩』『浦島太郎』の唱歌の作は乙骨三郎」の記述を挙げている。

ただ、町のホームページに載せるぐらいこの場所は歌詞の情景に似ていることは間違いない。

いわき市方面から来ると、東禅寺トンネル手前に小さな鉄橋がある。東禅寺トンネルと並行して今は廃止となった旧東禅寺トンネル内を歩いてみる。闇の中を歩くこと四、五分。前方の光をたよりに反対側に出た途端、そこには広々とした空間が拡がる。鉄橋、トンネル、そして広い空間。歌詞の情景そのものと言っても良いが、似たような光景は全国あちらこちらにあるのかもしれない。

話は少し横道にそれるが、「鉄道唱歌」には二種類あり、その一つが大和田建樹編の「地理教育鉄道唱歌」。もう一つは、陸軍二等楽手中村林松作曲、大東園南堂知足作歌の「地理歴史鉄道唱歌」。似たような書名で何とも紛らわしいが、後者の方が三ヶ月後に発行されているので後者が真似たものではないかとされる。

ところが、真似たと思われる「地理歴史鉄道唱歌」

が先行するかのように、六十四番までの長大な歌詞をつけた。それに対抗するかのように、大和田建樹の第三集の上野から青森、そして青森から上野ルートの歌集が発刊される。岩沼からは磐城線（常磐線）へと入り、相双地区は次のような歌詞で紹介されている。

海にしばらく別れゆく小田の緑の中村は　陶器産地と兼ねて聞く相馬の町をひかえたり
中村いでて打ちわたる川は真野川新田川原の町より歩行して妙見まうでや試みん
浪江なみうつ稲の穂の長塚すぎて豊なる里の富岡木戸広野広き海原みつつゆく
しばしばくぐるトンネルを出てはながむる浦の波岩には休む鴎あり沖には渡る白帆あり

東日本大震災による巨大津波によって福島県沿岸も壊滅的被害を受け、海の香り、山の緑、空の青さを目にして走る常磐線相双地区沿線の風景は変わり果ててしまった。原発事故の影響もあって長い間常磐線は福島県富岡～浪江間が不通となっていたが、令和二（二〇二〇）年三月十四日、九年ぶりに全線再開通する。

❖とんぼのめがね碑

広野町　築地ヶ丘公園

とんぼのめがね

作詞　額賀　誠志

作曲　平井康三郎

とんぼの　めがねは　みずいろめがね
あおいお空を　とんだから　とんだから
とんぼの　めがねは　赤いろめがね
夕やけ雲を　とんだから〱

一九九五年十一月

広野中学校東の築地ヶ丘公園内に、トンボの絵と歌詞が刻まれたピンク色をした石碑が立っている。思い切った配色が童謡の歌碑を意外にも引き立てている。

昭和二十三（一九四八）年広野町で開業医を営んでいた額賀誠医師（ペンネームは誠志）が作詞したもの。ワンフレーズ、ワンフレーズは極めて短いが夢のある歌詞と弾むメロディーに心も和んでくる。昭和二十三年に当時、額賀氏が医院から約十二キロ離れた上浅見川箒平に往診に行った際、その家の子どもがとんぼとたわむれている情景を描いたとされる。

歌碑の由来が刻されていた。「広野町に住む高名な童謡作家であった額賀誠志（誠）が、戦後の混乱した中でも、子供たちには童謡を通し明るく育って貰いたいと願い創作したもので、NHKのラジオで全国放送され今も子供たちに愛唱されている童謡の代表作です。広野町では、平成六年より童謡の里として、広く童謡詩を公募し「ひろの童謡まつり」を開いている。ここに童謡の里を記念し「とんぼのめがね」の歌碑を建立する」と。

歌碑の文字は、とんぼのめがね作曲者平井康三郎が書いている。

「戦後日本の子どもたちは、楽しい夢を乗せた歌が歌えなくなった。子どもが卑俗な流行歌を歌うのは、あたかも、子どもが煙草の吸殻を拾ってのむのと同じような悲惨さを感じさせる。私が久しぶりに、童謡を作ろうと発心したのも、そうした実情が、余りにも目立ちすぎたからである」。敗戦後、額賀誠が創作を開始した心境を、額賀に師事した詩人青戸かいちの回想として『愛唱歌ものがたり』に紹介されている。

広野駅の電車発車メロディーは「とんぼのめがね」と「汽車」。町、町商工会など五団体が童謡のまちづくりの一つとして、JR東日本水戸支社に協力を要請し、平成二十(二〇〇八)年三月十七日から流され始めた。

上り線(二、三番線・いわき方面行き)に「とんぼのめがね」、下り線(一番線・仙台方面行き)に「汽車」をそれぞれ十七秒間流している。

『風穴をあける』(谷川俊太郎・草思社)の「童謡と私」の中に、

「おとなが子どもに歌ってほしい歌、おとなが子どもにおとな自身の子どものイメージを強制する歌、そしておとなが歌って自分の子ども時代を懐かしむことのできる歌、そんな歌が童謡とされているのだと私は思います」。

「とんぼのめがね」は、谷川のいう代表的な童謡の一つではないだろうか。

エッセイストの中野翠の著書に『みずいろめがね』(平成二十四〈二〇一二〉年・毎日新聞社)という本がある。本のタイトルは、『とんぼのめがね』からとったとあとがきで書いている。その理由として、

「(前略)このうたを思い浮かべるとつかのまウツ気分も晴れるような気がする。フワ~ッと救われるような気がする。特に一番がいい。どんな時にも、心の中に、青空を映す水色めがねが欲しい。人びとの生地《きじ》の強さというのは、たぶん、こういうめがねを持っているかどうかなんじゃないかと思う」と。

❖小良ケ浜鎮魂碑
富岡町小良ケ浜

東京電力福島第一原子力発電所の南約七キロのところに小良ケ浜灯台がある。震災による建物への被害はなかったが、避難指示区域となり送電がストップしたため二年余り灯台の灯は消えたままになっていた。海上保安庁による点検の上再点灯されたのは、平成二十五（二〇一三）年四月十六日。その灯台すぐ近くに平成五（一九九三）年に建立された鎮魂碑がある。碑文の内容は次の通り。

「時恰も太平洋戦争たけなわの昭和十八年の春戦局はとみに重大さをまし、祖国存亡の危機に直面している時、諸勇士は海軍のパイロットとしてまた、整備兵として骨肉の私情を断ち遠く南海、北辺の地にあって身命を賭して戦っていました。五月に至り、北東方面海軍作戦であるアッツ島攻防戦に参加し、同二十九日山崎大佐以下アッ

ツ島守備隊が全員玉砕するや戦いの場を他に求め、九七式海軍大型飛行艇一機に搭乗し、横浜海軍航空隊に向かい飛び続ける途次でありました。六月九日の朝恨むべきかな海からわきあがる季節特有の白い魔の手の如き濃霧に阻まれ、この小良ケ浜の地において、志なかばにして護国の鬼となられました。いま、波の墓標として潮騒の中に眠る諸勇士の胸中の無念さを思うとき、痛恨のきわみであり滂沱の涙を禁ずることができません。しかし、その功勲は深く郷人の胸に刻み込まれ、烈々として永く讃仰するところであります。ここに、遺族、郷人とあい諮り、この地に鎮魂の碑を建立し、諸勇士の安らかな眠りを祈り、その遺烈を偲び、遺勲を後世に伝えたいと思います。

平成五年三月三十一日　建之」

昭和十八（一九四三）年六月九日、富岡町小良ケ浜地区の岸壁に、アッツ島から横浜海軍航空隊に向かう途中の九七式海軍大型飛行艇が激突し、搭乗していた旧日本軍兵十五人が犠牲となる事故があった。「小良ケ浜鎮魂の碑」はその犠牲者の霊を弔う碑である。

昭和十八年五月十二日、アメリカ軍はアッツ島に上陸を開始し、日本軍守備隊とアメリカ軍の十七日間に渡る激闘の末、日本軍は玉砕（戦死者二千六百余名、捕虜二十七名）した。戦史に残る「アッツ島の戦い」である。玉砕の様子を当時の新聞（朝日新聞昭和十八年五月三十一日）は、次のように伝える。見出しの「山崎部隊長ら全蔣兵　壮絶・夜襲を敢行玉砕　敵二萬・損害六千下らず」に続いて、

「『大本営発表』（五月三十日十七時）アッツ島守備部隊は五月十二日以来極めて困難なる状況下に寡兵よく優勢なる敵に對し血戦継続中の處五月二十九日夜敵主力部隊に對し最後の鐵槌を下し皇軍の神髄を撥揮せんと決意し全力を擧げて壮烈なる攻撃を敢行せり、爾後通信全く杜絶全員玉砕せるものと認む、傷病兵にして攻撃に参加しえざるものは之に先立ち悉く自決せり、我が守備隊は二千數百名にして部隊長は陸軍大佐山崎保代なり、敵は特種優秀装備の約二萬にして五月二十八日までに與えたる損害六千を下らず」。

ここに祀られている旧日本軍十五名は、生存率一パーセントとされる「アッツ島の戦い」の中で、どのようにしてアッツ島から飛び立ったのであろうか。『富岡町史別巻（続編・追録編）』には、防衛庁戦史『北東方面海軍作戦』によるとして、

「アッツ島には特設水上母艦の配属による水上機部隊が進出し、索敵、敵要地奇襲、

空中輸送の任に当たっていた。その四五二空観測機八機のうち、アッツ攻防戦で七機と五名の操縦兵を失っている。このとき残った一機が、原隊復帰のため横浜に向かっていたのではあるまいか」とある。

飛行艇墜落事故はほとんど風化してしまい、関係者や地域の人々の一部にしか知られことはなくなった。この原発災害により風化は一層進み、歴史の記録から消え去ろうとしている。

『富岡町史別巻（続編・追録編）』に飛行艇墜落時の模様について、執筆担当者が当時の様子を知る人達から聞き書きしたものが載っている。

「昭和十八年六月九日早朝、北方より飛んで来た大型海軍飛行艇が小良ケ浜海岸の岸壁に激突し海中に墜落した。その時太平洋は深い霧に包まれ、特に小良ケ浜海岸の断崖付近は地形状特に霧が深かったという。飛行艇の乗員は、海軍のパイロットや整備兵たち。その内予備海軍中尉遠藤享ほか十四名は死亡。残り三名は頭部に重傷を負う」。

また、負傷者の救護にあたった当時の警防団員の回想もある。

「当時は防諜上の理由から、事故のくわしい全貌を知ることはできなかった。ただ、負傷者の救出に全力を尽くしたことを覚えている。生き残った兵は大けがをしていた。

一人は、頭皮が全部むけて前に垂れていた。他は頭部裂傷で、骸骨が白く見えていた。その場で頭髪をカミソリですり縫合した。麻酔なしでも、兵達は一言も〝痛い〟という言葉をはかなかった。さすがは海軍軍人だと、人々は深い感銘を受けた」。

原発災害により今なお鎮魂碑に近づくことはできない。東日本大震災の前年の平成二十二（二〇一〇）年六月十三日、犠牲となった十五名の霊を弔う六十七回忌の追悼式が鎮魂碑前で行われた。遺族が高齢化したため追悼式はこれが最後となった。

❖雨蕭々の碑

川内村　長福寺境内

なだらかな阿武隈高地にすっぽり抱かれるように位置する川内村。その平野部高台に長福寺は建っている。参道入口の小さい素朴な山門を潜り抜け、右に左に折れ曲がる坂道を上り詰めたところに一見すると民家風建物の本堂に突き当たる。その途中に三角形状をした高さ約百二十㌢《セン チ》の自然石が落書の碑といわれる「長福寺雨蕭々」の碑だ。

昭和三十四（一九五九）年『歴程』の同人が長福寺に集まった時、草野心平が美濃紙に「長福寺雨蕭々」と書き、その周りに寄せ書きしたものを自然石に刻んだ。

風雨にさらされてか、自由奔放に刻まれた文字はよく読み取れない。長福寺に確認し次のことが刻されていることが分かった。

島崎蓊介
　桑の実を盗むかえるの一夜かな
森谷均
　桑の実の黒きを喰めばなく蛙
会田綱雄
　洞秀山風光る森の夢
園生裕一郎
　でっかいかしわもちかっかじる
山本太郎
　ほろびに終わるなどとおれはいわない　円錐無底の地獄としてそこにたつ　醜いばかりの外貌ならみづからを信じてやまぬ阿修羅としてそこにたとう
矢内俊晃
　みんなゲリゲの仲間でしょ
島崎蓊介は島崎藤村の三男で画家。森谷均は出版人。会田綱雄、園生裕一郎、山本太郎は詩人。矢内俊晃は当時の住職。

『歴程』は、草野心平が主宰していた文化サークル。長福寺には、昭和二十三（一九四八）年に『歴程』同人になった辻まことの墓もある。

辻まことについての著書は多く、今尚、雑誌などで取り上げられている。その中でも辻まことフリークと自称する西木正明氏の『旅』〈平成十五〈二〇〇三〉・九〉という雑誌の中の文章が、辻まことの人となりを端的に紹介した文章なのでそれを引用させてもらう。

「『岳人』という雑誌が好きで、折にふれて買い求めていた。その理由はただ一つ、表紙の絵を辻まことが描いていたから。辻まことは人も知る絵と文章の達人で、彼の手になる山の画集やエッセイは、没後四半世紀近くになる今日も、熱烈なファンがいる。辻まことの父親はダダイズムの巨匠として、また大正から昭和前期にかけての時代を代表する名文家のひとりとして知られる辻潤。母は婦人運動家のさきがけで、関東大震災直後の大正十二年（一九二三）九月、アナキストの大杉

栄とともに、憲兵隊の手で殺された伊藤野枝である。彼は父辻潤からは時代に対する辛辣な批判精神と諧謔の心、文章の才能を、母伊藤野枝からは、世の中を見通す曇りのない眼差しを受け継いだ、かけねなしの自由人であった」。

辻まことは『歴程』との関係で生前何度か川内村を訪れ、長福寺にも足を運んでいるにも関わらず「長福寺雨蕭々」の碑には彼の名前はない。辻まことだったらどんな文を寄せ書きしただろうと興味も湧いてくる。

昭和五十（一九七五）年十二月二十日の朝日新聞社会面に辻まことの死亡記事が出ている。記事の内容は次の通り。

「辻まこと氏（本名・一＝まこと、画家、歴程同人）十九日午後三時十分、肝硬変のため東京都多摩市和田一二六一、百草団地一六の三〇六の自宅で死去、六十一歳。告別式は二十一日午後一時から百草団地第二集合所で、歴程葬（葬儀委員長・草野心平氏）として行われる。喪主は妻良子さん。辻氏は「虫類図譜」で第二回歴程賞を受賞した」。

『新潮四五』（平成二十二〈二〇一〇〉年一〇月号）に駒村吉重が書いた「草野はもう一カ所、訃報原稿の中で重大な事実をおおっている。（中略）じつは、まことの最後は自死であったのだ」との一文を読んだ時、私はなぜか軽い衝撃を受けた。

長福寺と親交が深かったことから、娘の直生によって昭和五十二（一九七七）年七月に長福寺に墓が建立される。高さ約六十センチ、幅約五十センチの自然石に、草野心平による書で「辻一・良子」と本名で刻まれている。良子は、最後の連れ合いとなった松本良子。

心平と川内村との結びは、当時の長福寺住職の矢内俊晃が、昭和二十四（一九四九）年二月一日の読売新聞に掲載された草野心平のモリアオガエルの随筆を見て、招待の手紙を出したことに始まる。そして草野は、四年後の昭和二十八（一九五三）年八月に訪れて以来、心平と川内村との縁が続く。毎年七月の第二日曜日に開催される「天山祭」は、心平の遺徳を偲ぶ祭りとして定着し、地元の「どぶろく」が振る舞われることでも有名になった。その川内産どぶろくを一度だけ飲んだことがある。のど越しの良いきりっとした味は私好み。長福寺に集った面々もきっと心行くまで堪能したことだろう。

天山祭は、原発災害にもめげず規模を縮小して継続している。草野心平、辻まことそして雨蕭々の碑に名を連ねた面々は原発災害の状況をきっと草葉の陰で嘆いていることだろう。

❖高原の駅よさようならの譜碑

浪江町　高瀬川渓谷

高原の駅よさようなら
しばし別れの夜汽車の窓よ
いわず語らずに心とこころ
またの逢う日を眼と眼で誓い
涙見せずにさようなら

なだらかな阿武隈高地を水源とする二つの川に挟まれて広がる浪江町。一つは町の北側を流れる「請戸川」（場所によっては泉田川、室原川とも）。もう一つは南側を流れる「高瀬川」。二つの川は河口約四キロ手前で合流し、「請戸川」と名を統一されて太平洋へ注いでいく。

高瀬川渓谷は紅葉の名所としても知られ、時節には渓谷を愛でる人々でちょっと賑や

かになる。狭隘な渓谷のため紅葉も新緑も手が届くような近さで満喫でき、気持ちが爽やかになる場所の一つだ。

　浪江町に生まれ育った私は、高瀬川渓谷には小さい時から慣れ親しんできた。小学校の時は遠足で、中学校の時には友人達とサイクリングに、成人してからは四季折々の風情を楽しみにと、成長段階での思い出がちょっぴり詰まってもいる。その渓谷沿いの二つ目のトンネルを越えてすぐ右側の斜面に立っているのが、佐々木俊一作曲の「高原の駅よさようなら」の譜碑だ。

　昭和三十八（一九六三）年九月、同級の有志により建立された碑の右に譜碑建立協賛者芳名。左には譜碑建立の趣旨、そして作詞者自筆の歌詞の一番目が刻まれている。作詞は何度もコンビを組むことになる佐伯孝夫。

　建立場所は、渓谷の中で最も景観美の良いところとされ、付近は散策路にもなっている。

明治四十（一九〇七）年、浪江町新町に生まれた佐々木俊一。大正二（一九一三）年生まれの私の父は、近所ということもあって彼と遊んだことがあり、その時の彼は何でもガキ大将的存在だったと生前聞いていた。

「高原の駅よさようなら」は、昭和二十六（一九五一）年大堀村（現浪江町大堀）に疎開（小丸の山田氏宅）していた時の作品。上京して東洋音楽学校（現東京音楽大学）に進学していたが、昭和二十（一九四五）年の東京大空襲で一家八人が浪江町小丸の地に疎開。そこで七年間過ごし自然の山野に触れ合う中で様々な曲想が練られたという。

その後再び上京し、「涙の渡り鳥」でビクター専属作曲家としてデビュー。上京の際、家族を残していく寂しさと、夜行列車で浪江町を離れる情景を歌に託し、浪江の駅を高原の駅になぞらえ郷里を思う気持ちを込めて作曲したのが、「高原の駅よさようなら」になった。

私が高校一年の時、兄と始めて東京へ行った。帰る時は夜行列車。二十番線（今はない）から午後十一時頃の発だったか。上野を出る時はほぼ満席の状態。ほとんど眠れない夜を過ごし翌日の午前六時過ぎに浪江駅に到着した時はもう客席はまばらだった。とにもかくにも着いた時は、ホットするやら懐かしいやらで何とも言えない郷愁を感じたことを今でも忘れられない。もう五十五年も前の話になり兄も大分前に鬼籍に入った。故郷の玄関口となる「駅」は、いつの時代でも郷愁を誘う原点の場所のように思う。

　昭和二十六年小畑実の唄によって大ヒットした「高原の駅よさようなら」をはじめ「涙の渡り鳥」「島の娘」「燦《きら》めく星座」「新雪」「月よりの使者」など次々とヒットを飛ばすが、昭和三十二（一九五七）年、四十九歳の若さで不帰の人となる。

　昭和二十年、同じく浪江町に疎開していた作詞家大木惇夫（高瀬川渓谷に大木の詩碑がある）と佐々木は期せずして大堀村に居住していた。作詞家、作曲家として著名な二人は、狭い地域ゆえ風聞でお互いの存在は知っていたであろうに実際会うことはなかった。しかし、どのような経緯からか、二人がコンビを組んで作られた唯一の歌がある。地元の大堀中学校校歌（佐々木俊一は大堀中学校ＰＴＡ会長に就任

している）で昭和二十九（一九五四）年三月二十四日に校歌の発表会が催されている（大堀中学校は昭和四十五〈一九七〇〉年に廃校）。

平成十九（二〇〇七）年一月には、浪江駅前広場に「高原の駅よさようなら」の楽譜と歌詞が刻された石碑が建立された。そこには生前の佐々木の顔写真、プロフィール、ヒット二十六曲と歌手名、そして最後には、昭和三十（一九五五）年に作曲された浪江小学校校歌が載る。私も六年間大きな声で歌った校歌だ。

❖金房開拓組合開拓の碑

南相馬市小高区小谷摩辰

西方のなだらかな峰々が連なる阿武隈高地を向いて立つ開拓碑。台座を含めると二《メートル》をはるかに超え見上げるようになる。それはこの地が開拓地であったこと、しかも艱難辛苦の道のりであったことを静かに物語るかのように毅然としても見える。

幅九十二《センチ》、厚さ十六《センチ》の碑にびっしり刻されている碑文は、高村光太郎の「開拓十周年」の詩。風雨に晒されること七十余年が経ち、ところどころ読みにくいところもある。特に上方部を読むのは難しい。

『おだかの人物』（南相馬市発行）の「平田良衛」の項にある「開拓十周年」に載る碑文を紹介する（一部）。

「こまかい事を思い出すと気の遠くなるような長い十年
だがまたこんなに早く十年がとぶようにたつとも思わなかった
はじめてここの立木へ斧を入れた時のあの悲壮な気持を昨日のように思い出す
歓迎されたり疎外されたり矛盾した取扱いになやみながら
死ぬかと思い自滅かと思い　また立ちあがりかじりついて
借金を返したりふやしたりともかくもかくの通り元気だ
開拓の精神にとりつかれると　ただのもうけ仕事は出来なくなる
何があっても前進一歩でも未墾の領地につきすすむ　精神と物質との冒険
一生をかけて二代三代に望みをかけて開拓の鬼となるのがわれらの運命
食うものだけを自給したい　個人でも国家でもこれなくして真の独立はない
そういう天地の理に立つのがわれらだ　開拓の危機はいくどでもくぐろう　開拓は決して死なん　開拓に花の咲く時　開拓に富の蓄積される時　国の経済は奥ぶかくなる
国の最低線にあえて立つわれら　十周年という区切り目を痛感してただ思うのは前方だ　足のふみしめるのは現在の地盤だ　静かにつよくおめずをくせずこの運命をおうらかに記念しよう」

不撓不屈の開拓精神がひしひしと伝わってくる。開拓碑建立の中心になったのは平田良衛。『おだかの人物』の平田のプロフィールによると、「社会主義運動化、開拓事業家、一九〇一（明治三十四）〜一九七六（昭和五十一）。昭和初期、マルクス主義農業理論を専攻、プロレタリア文化運動や政治運動に参加。戦後は郷里の小高で社会主義運動の先頭にたって活躍するとともに、困難を極めた金房の開拓事業を推進した」とある。

高村光太郎の「開拓十周年」の詩が生まれた理由を平田は著『農人日記』で次のように書いている。

「昭和二十年四月戦災によりアトリエ焼失、五月岩手県花巻市宮沢静六方に疎開。八月宮沢家戦災焼失。終戦後の十月、岩手県稗貫郡太田村山口（現花巻市太田山口）の小屋に移り農耕自炊の生活に入る。光太郎は、毎日のように開墾して野菜を作り、入植者とも親しくつきあい足掛け八年居住します。その間の体験から生まれたのが『開拓の詩』です」と。

「開拓の詩」は、昭和三十（一九五五）年、宮沢賢治の親友藤原嘉藤治の求めに応じて、病床において書かれたとされる。

岩手県花巻市太田には昭和五十一（一九七六）年に建立された「太田開拓三十周年記念碑」があり、そこには光太郎自筆の「開拓に寄す」の一節が異様なほど大きな字で刻されている。

開拓の精神を失う時　人類は腐り
開拓の精神を持つ時　人類は生きる
精神の塾土に活を与えるもの　開拓の外にない
高村光太郎

開拓二十年を記念して碑の周囲に植えられた木々は、いずれも大きく生長しそれとともに肥沃で豊かな大地が誕生してきた。それは艱難辛苦を乗り越えてきた先人からの大切な贈り物となった。しかし、「耕作放棄地」という思わぬ現象があちこちに出現し、さらに追い打ちをかけるように起こった原発災害は、ふるさとそのものを消滅させようとしている。「二代、三代に望みをかけて開拓の鬼」となっていた先人たちが、この現状を見たら一体どのように思うことだろうか。

◈原町無線塔頭部碑

南相馬市原町区牛来字出口一九四

「原町無線塔頭部碑」は、県立公園内一角にある南相馬市博物館入口前にある。碑の左側には、「これは何?」と誰しも首を傾げたくなる代物が置いてある。その代物は無線塔の「頭部」で、碑の説明文には次のようにある。

「『無線塔』は、磐城無線電信局の送信塔です。磐城無線電信局は日本初の本格的対海外無線電信局として、大正9年(1920)5月1日双葉郡富岡町に受信所を、翌10年(1921)3月26日原町に原町送信所を開所して対米通信を行っていました。

この送信塔は201・16mの主塔を中央におき、半径400mの円周上に60mの木製の副柱18本を建てていました。頭部は直径1・22m、頭部壁厚は150㎜で、主塔から

アンテナ線が小滑車とワイヤーホールの中をとおり、各副塔に傘のように張り巡らされていました。頭部の大滑車２つは塔内での作業に使用されていたものです。

大正12年（１９２３）の関東大震災の時には、日本から外国に無線通信できる唯一の施設として、ハワイ・ホノルル局を経てサンフランシスコに第一報が局長・米村嘉一郎氏によって打電され、その惨状が世界中に報じられました。報道により世界の40ヶ国からの援助・義援金・見舞が集まり、その功績を認められた米村氏は、アメリカから表彰されています。

昭和２年（１９２７）、直接サンフランシスコへ通信を行うため長波設備を整え、主塔の周り半径５００ｍに同じ高さの鉄塔の副柱を5基建て、アンテナ線をクモの巣状に張り巡らすという改修工事が行われましたが、急速な無線通信技術の発達により短波による通信が行われるようになり、昭和６年（１９３１）には送信中止となりその役目を終えました」。

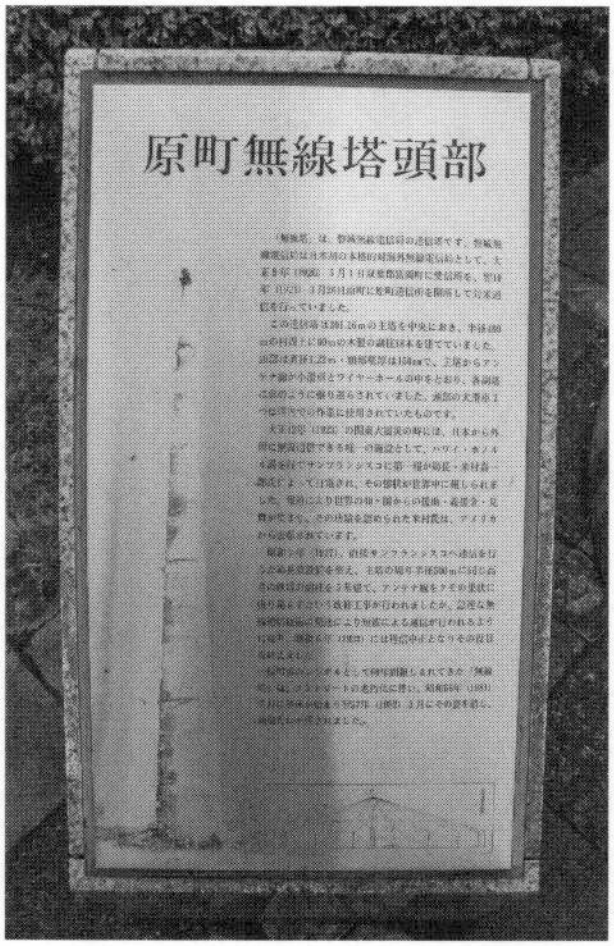

無線塔はもともと国道六号に近い市内高見町にあった。無線塔解体後、その地は整備されて公園として生まれ変わり、無線塔跡地は平成二十一（二〇〇九）年より花時計となり市民憩いの場となっている。

磐城無線電信局原町送信所が廃止されたのは昭和八（一九三三）年。無用の長物と化してしまったかに見えた無線塔は、跡地に立つ案内板の「無線塔は、廃局後も普段から見慣れた風景として市民生活の中に溶け込み、旅や漁には無くてはならない目印にもなっていた」との一文に見られるように、市民にとってかけがえのないシンボルとして存在していた。

無線塔の姿は、七、八キロ、場所によってはかなり先の離れた所からも遠望できた。車窓からその雄姿が捉えられると、まもなくこの地域の中心地である「原町市」（現南相馬市原町区）に近付いたことを意味し、特に汽車や電車の場合は降車の準備を始める合図ともなった。また、原町市の渋佐浜沖合で漁をする漁船からもその姿は確認でき、そ

れは漁師たちにとって格好の目標物になっていたようだ。

ところが鉄筋コンクリートの老朽化により、コンクリート破片が落下する危険な状態が起こってきた。それに伴い修理保存か解体かで市民の声は二分。どちらを選択しても費用は約三億円との試算が出たが、結果的には昭和五十六（一九八一）年～五十七（一九八二）年にかけて惜しまれつつ解体されてしまった。

二百一・一六《メートル》の頂上部の頭部が、地上に降ろされてここに展示されることよって初めて頭部の存在とその様子を目の当たりにできるようになった意義は大きく、赤茶けた不思議な物体を見ていると、長年に渡る無線塔の功績を労う顕彰碑、はたまた解体を弔う鎮魂碑のようにも思えてくる。

❖東日本大震災犠牲者慰霊碑

南相馬市原町区北泉　北泉公会堂敷地

　南相馬市北泉の海岸に向かう途中で石碑らしいものを見つけた。確認するとこの地区で建立された津波慰霊碑だった。碑文を読み私は衝撃を受ける。

　十メートルを超す大津波によって田畑は冠水し、二十七戸が流失した北泉地区。さらに東京電力福島第一原発の水素爆発による放射性物質の放出・拡散により過酷な状況が続き、この地区の二十四戸は他地域への転出を余儀なくされた。

　七人の犠牲者のうち、避難誘導中に行政区長と市消防団の部長の二人が亡くなる。消防団員の名前に覚えがあった。教え子と同じ名前で、四十三歳という年齢もこのぐらいだった。家も確かこの辺りだった。心が落ち着かない中、人懐っこい彼の笑顔がすぐさま浮かんできた。しばらくたたずんだ後、彼の家付近に行ってみたが、更地になっていた。

周辺にもほとんど建物はなく、静まりかえっていた。同姓同名の別人の可能性もあると思いながら帰路につく。その夜は、三十数年前の教師時代が走馬灯のようによみがえってきた。その後、当時の同級生たちに確認すると教え子であることに間違いなかった。

慰霊碑は犠牲者の七回忌にあたる平成二十九（二〇一七）年三月十一日、北泉公会堂敷地に建てられた。慰霊碑側には、公会堂落成記念樹として花色が桜鯛に似ているとして命名された「大漁桜」がつぼみを膨らませていた。やがて大樹となって慰霊碑を見守り続けてくれるに違いない。この地域も海岸防災林の植栽工事や堤防のかさ上げ工事が進み、犠牲者の知らない新たな光景が生まれようとしていた。

この慰霊碑を契機にして、平成二十四（二〇一二）年六月から福島県を皮切りに東日本大震災津波慰霊碑巡りを始めた。原発災害やコロナ禍の合間を縫い令和三（二〇二一）年十月に岩手、宮城、福島三県の津波慰霊碑約百ヶ所を九年掛けて巡り終えた。

南相馬市内には月日が経つごとに次々と慰霊碑が建立され、令和四（二〇二二）年三月の時点で津波関連の碑が三十七基（慰霊塔・モニュメント碑・記念碑・家畜慰霊碑なども含む）も確認されている（『南相馬市博物館研究紀要第十三号』）。この数は他の自治体には見られない多さで、南相馬市の被災地区は「字」ごとに建立されているといっても過言ではない。

津波慰霊碑には、被害の状況はもとより後世への教訓、地域の歴史や産業、経済、文化など様々な事柄が記されていた。それは、一つの歴史的・文化財的建造物として貴重な側面を持ち合わせていると思った。

岩手県山田町の船越小鳥谷の慰霊碑からは、死者と生者の強い絆を感じた。高さ百四センチ、横幅六十六センチの慰霊碑は、道路沿いの山の斜面にありながら道路からは全く見ることができず地域の人たちだけが知るような場所にあった。なぜこんな所にと不思議に思ったが、そこからは地区の小さな漁港と小谷鳥海岸、そして大海原がはっきりと見渡せる実に眺望の良い所だった。地区の人々は、たとえ人目に触れなくとも犠牲になった人々が生前慣れ親しんできた日常風景をずっと見続けていられるところに建立することが供養にも繋がるとの思いがあったのではなかろうか。津波慰霊碑はまさに死者と生者をつなぐ存在でありそこは安らぎや希望、喜びを与えてくれる特別な場でもあると感じた。

津波慰霊碑から見える風景はいずこも大きく変貌してしまい悲しいほど静寂に包まれていた。目の前の荒涼とした風景は以前からのものではないかと錯覚してしまうほど自然な状態であった。震災から十二年が過ぎ、風化は加速度的にスピードを上げている。しかし、以前として遺族の悲しみや喪失感は消え去ることはなく現在進行形でいる。

※海洋調査船へりおす乗員之碑

相馬市鵜ノ尾岬

相馬市にある県立公園松川浦は、日本百景の一つとしても知られ、古くは万葉集の東歌にも詠まれていた景勝地。数キロに渡って長大に松林が広がる大洲海岸は日本の渚百選にも選ばれていた。しかし、平成二十三（二〇一一）年の東日本大震災による巨大津波により松川浦の地形は驚愕するほど一変した。海岸先端が突き出た所に鵜ノ尾岬がある。海岸から垂直にそそり立っているので巨大津波の影響を受けずに岬は何とか原形をとどめている。

紺碧の太平洋を背に西方に向いて立つ大きな黒御影石の碑。深く刻まれた文字の一つひとつが心に強く迫ってくる。この力強さはいったいなんだろうと思いながら裏面に廻ってみると、そこにも文字がびっしりと刻されていた。

「昭和六一年六月一六日午前八時過ぎ〝へりおす〟は初の調査業務及び一般公開の為、母港清水を後に一路北海道羽幌に向けて出港、翌一七日午後四時四〇分「此れ以上時化たら避難する」旨の船舶電話を最後に、一切の連絡を絶つた。自衛隊機を含む海空からの大捜索の結果、六月二三日〝へりおす〟は相馬沖五七粁、深さ二一三米の海底に沈んでいる事が確認された。〝へりおす〟は五〇噸、全長二六米、速力一一ノット、小型潜水艇の他各種最新の観測機器を搭載し、内外の期待を担つて此の年五月に竣工した我国初の海洋調査船であつた。九人の乗員はいずれも溢れる希望を胸に乗組んだが、不幸此の難に遭い、全員が殉職した。当時此の海域の気象状況からみても、又新造船にも拘らず瞬時とみられる海没様相等、数々の疑問点の解明こそ自らの責務と遺族達は立上がり、執念を以て遂に世界初の深海からの船体引揚げを成功せしめ、更に造船ミスによる復原性の欠陥を立証し得た。かくして没船引揚げ技術上画期的な事績を残すと共に、小型特殊船の安全の為、検査行政に著しい改善を加える基礎を作り得た等、海洋発展にかけた乗員の遺志を、我国海洋史上に不滅の足跡として、後世永く留め得たものと確信する。　なお、船体引揚げに当つては相馬原釜漁業協同組合、碑の建立には相馬市、松川浦漁業協同組合員及び全国多数の篤志家より、多大の協力を得た事を銘記して感謝の意を表するものである。

昭和六三年八月二八日　へりおす遺族会建之」

読み進むうち微かにこの事故の記憶が蘇ってきた。もう一度前面に戻り碑の下部を見ると犠牲者の名が刻されていた。

船長松本直美（三十八歳）　機関長佐々木豊蔵（三十六歳）　一等航海士樋口勝年（三十七歳）　藤井正文（三十九歳）　調査員田中利治（二十六歳）　土屋正弘（三十三歳）　鈴木秀彦（二十七歳）　小林弘明（二十七歳）　片岡淑人（二十八歳）

九名のそれぞれの年齢を見て驚いた。二十代後半から三十代後半にかけての若者ばかりではないか。

再びも三たびも生《あ》れよ海洋の

熱き抱負を遂げむ為にも

これは、慰霊碑に寄り添うように立っている歌碑の歌

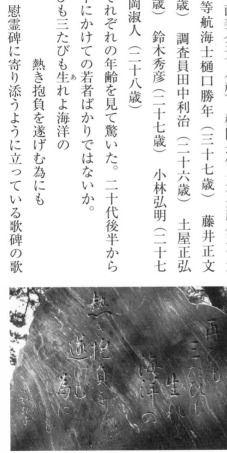

である。作者は小林弘子。小林は、犠牲者の一人の母親でありこの事故に関する著書『「海洋調査船へりおす」からのメッセージ』（ヒューマン・ドキュメント社・昭和六十二〈一九八七〉）と『明日を翔べ』（中央書院・平成五〈一九九三〉）がある。

『「海洋調査船へりおす」からのメッセージ』は、遭難してからほぼ一年後に出版された。海底深く沈没した船の中に閉じこめられたままでいる息子に会いたい。それには調査船を引き上げるしかない。そして、事故の原因を突き止めたい。犠牲者の遺族としては当然の願いであろう。その切なる願いを叶えようと行動を起こした記録がこの本である。内容もさることながら、目次の「悲報」「別離」「執念」「署名運動」「怒り」「ブローチング現象」「追究」「陸からの推論」「生きつづける愛しき者」「夢か現《うつつ》か」「衰退した日本の漁業」「へりおすからのメッセージ」の言葉からも遺族というより母親として子を思う気持ちが切ないほど伝わってくる。

本の見開きに掲載されている乗組員九名の写真。いずれもにこやかな顔をしている。赤ちゃんを抱いている三枚の乗組員の写真には、何と言っていいか、胸を強く打たれた。「何処かに生き延びていて欲しい」の書き出しで始まる「おわりに」のページの「（前略）不慮の災難に斃れた若者達の意志を活かし、無念を晴らす唯一の道は、『へりおす』

を引き揚げて、その沈没原因を徹底的に究明する事に在る、との強い信念の下に、事故の発生以来今日まで、克明に記して来たメモ帳を頼りに、細々と書き綴ったのが本書である」との弘子の夫小林貢の文章に、へりおす沈没に関する全てを物語っていることを感じる。

あとがき

古くから人々は、生きた証としてあるいは事蹟を後世に伝えようとして石に様々な言葉を刻んできた。功績を讃える顕彰碑、犠牲者の霊を慰める慰霊碑、社会的事件を伝える記念碑、個人の徳を讃える頌徳碑などその内容は様々である。その中には存在が知られているものもあれば道ばたにひっそりと佇んでいるもの、埋もれてしまっているものなど碑を囲む環境もまたそれぞれである。

建立の理由は一様ではないが、「後世に思いを伝えたい」という気持ちは共通している。そこには碑文だけからではうかがいしれない人々の深い願いや思いが内在し、一つの小さな歴史となって語り継がれようとしている。特に慰霊碑は、不慮や理不尽な事故、そして災害などによる無念の死に対する鎮魂の意味合いを持ち、それだけに生きた証を確実に伝えようとする心情が強く伝わってくる。

碑の前に立つと、目に見えない人々の声が聴こえてきそうな気もする。それらの声なき声に耳を傾けつつ、昭和以降に建立された碑に焦点を当てあちらこちらを訪ね歩いてみた。碑を巡る小さな旅を通して碑に託された心情に思いを馳せるのも決して悪くはないと思う。

東日本大震災による福島第一原子力発電所の事故により避難を余儀なくされ、避難所や親戚の家を転々とした後、会津若松市のみなし仮設住宅に四年間居住することになった。

津波被害や原発災害の影響で社会は混乱している最中だったが、半年後中断していた碑を巡る旅をゆるやかに再開した。そのうち被害を受けた各市町村に津波慰霊碑が建立されていることを耳にし、翌年の六月からは津波慰霊碑も範疇に入れることにした。結局、宮城、岩手にまで足を延ばすことになり、それらも含め訪れた碑は百五十ヶ所近くになった。その間、千葉県への転住、予期せぬ入院、コロナ禍などにより思った以上に時間が掛ってしまった。

今回、歴史春秋社から平成十五（二〇〇三）年四月に刊行した『相双歴史散歩』以来、六冊目の本として世に出すことができました。これもひとえに歴史春秋社から出版の機会を頂いたことに他なりません。また、取材旅の中で出逢った人々からは何かと親切にして頂いた。記して感謝申し上げます。

いつまで続くのであろう、新型コロナ禍は四年目に入った。一日でも早く終息することを切に願いながらこの本が「恩送り」(受けた恩を与えてくれた人へ直接返す代わりに次の人たちへ送ること)となれば幸甚です。

二〇二三年　八月

植田辰年

主な参考・引用文献

『日本の唱歌(中)大正・昭和篇』金田一春彦・安西愛子監修　講談社文庫
『癌細胞はこう語った』吉田直哉　文藝春秋
『裏磐梯の植林と遠藤現夢』阿部武
『京都に原爆を投下せよ』吉田守男　角川書店
『白洲次郎　占領を背負った男』北康利　講談社
『男の品格Ⅱ　白洲次郎名言集』清水將大　コスミック新書
『愛唱歌ものがたり』読売新聞文化部　岩波書店
『風穴をあける』谷川俊太郎　草思社

著者略歴

植 田 辰 年　うえだ・たつとし

昭和27年（1952）福島県浪江町生まれ。

【著書】
『相双歴史散歩』『浜通り伝説へめぐり紀行』『ふくしまの古寺社紀行』『ふくしまの近代化遺産』（以上、歴史春秋社）『とうほく巨樹紀行』（河北新報出版センター）
『南相馬市史「近代・現代通史編Ⅱ及び資料編」（共著）』
【新聞連載】
・福島民友新聞「ふくしまの巨木」（平成18年４月５日～平成19年３月28日連載）歴史春秋社より『ふくしまの巨木』として刊行。
・福島民報新聞「東日本大震災　慰霊碑を訪ねて」（令和２年１月19日～３月22日連載）

ふくしま碑《いしぶみ》紀行

2023年9月7日第１刷発行

著　　者　植田 辰年
発 行 者　阿部 隆一
発 行 所　歴史春秋出版株式会社
〒965-0842
福島県会津若松市門田町中野大道東8-1
電　話（0242）26-6567
http://www.rekishun.jp
e-mail　rekishun@knpgateway.co.jp
印　　刷　北日本印刷株式会社

JASRAC 出 2303746-301